AF751559

CONDICIONAMIENTO EMOCIONAL

UNA GUÍA DE LA PSICOLOGÍA WATSONIANA

TABLA DE CONTENIDO

INTRODUCCIÓN AL CONDICIONAMIENTO EMOCIONAL

Consideraciones preliminares

El condicionamiento emocional, un concepto crucial en el campo de la psicología, describe el proceso mediante el cual las respuestas emocionales de un individuo se moldean y alteran a partir de sus experiencias. Con origen en el trabajo seminal de psicólogos conductistas, en particular John B. Watson y B. F. Skinner, el condicionamiento emocional se ha convertido en un aspecto fundamental para comprender el comportamiento humano y los procesos mentales. La evolución de este concepto se remonta al famoso experimento del Pequeño Albert de Watson, donde demostró el potencial de las respuestas emocionales para ser provocadas y modificadas mediante el condicionamiento clásico. Este estudio pionero sentó las bases para la posterior exploración del condicionamiento emocional y sus implicaciones para la investigación y la práctica psicológicas.

La importancia del condicionamiento emocional en la investigación y la práctica psicológica es innegable. Este aclara los mecanismos que subyacen a la adquisición y modificación de las respuestas emocionales, arrojando luz sobre la interacción entre los estímulos externos y los estados afectivos internos. Por ello, ha sido fundamental para fundamentar las intervenciones terapéuticas dirigidas a abordar las reacciones y trastornos emocionales desadaptativos. Además, el estudio del condicionamiento emocional ha contribuido al avance de diversas teorías psicológicas, como el conductismo, la psicología cognitiva y la psicopatología.

Figuras clave en el desarrollo del condicionamiento emocional, como Iván Pávlov, John B. Watson y B. F. Skinner, han influido significativamente en nuestra comprensión actual del aprendizaje emocional y la adaptación conductual. Sus contribuciones pioneras han sentado las bases para las investigaciones empíricas sobre la naturaleza del condicionamiento emocional, fomentando un conjunto de conocimientos rico y diverso dentro de la disciplina de la psicología. Al profundizar en el contexto histórico y los estudios fundamentales que han definido los límites del condicionamiento emocional, investigadores y profesionales obtienen valiosas perspectivas sobre los fundamentos teóricos y las aplicaciones prácticas de este concepto.

Importancia en la investigación y la práctica psicológica

El condicionamiento emocional representa un elemento fundamental en la comprensión y el tratamiento de los trastornos emocionales. Su influencia ha permeado diversos campos, como la psicología conductual, la neurociencia cognitiva y la psicoterapia, configurando el panorama de las intervenciones modernas en salud mental. Al analizar los mecanismos mediante los cuales las emociones se asocian con estímulos o contextos específicos, el condicionamiento emocional revela información invaluable sobre los orígenes y las manifestaciones de la ansiedad, las fobias y otras respuestas emocionales desadaptativas.

La investigación psicológica ha subrayado continuamente el papel fundamental del condicionamiento emocional para dilucidar la etiología de diversas psicopatologías. Mediante experimentos meticulosamente diseñados y estudios longitudinales, los investigadores han dilucidado cómo las experiencias pasadas pueden dejar huellas emocionales duraderas, influyendo así en las reacciones conductuales y fisiológicas futuras de un individuo. Además, la versatilidad de los paradigmas del condicionamiento emocional permite la investigación de diversos fenómenos clínicos, que abarcan desde el desarrollo de trastornos por consumo de sustancias hasta el mantenimiento de trastornos de dolor crónico. Esta utilidad multifacética consolida su condición de piedra angular para desentrañar las complejidades de la experiencia emocional humana.

Las implicaciones prácticas del condicionamiento emocional trascienden los límites del laboratorio y permean los ámbitos de la evaluación psicológica y la intervención terapéutica. Los profesionales clínicos expertos en los matices del condicionamiento emocional poseen una potente herramienta para descifrar las complejidades de las luchas emocionales de sus pacientes, lo que permite intervenciones específicas que fomentan la sanación y la resiliencia. Ya sea mediante terapias basadas en la exposición para sobrevivientes de traumas o técnicas de desensibilización sistemática para personas que lidian con miedos irracionales, la integración de los principios del condicionamiento emocional permite a los profesionales de la salud mental abordar las causas profundas del malestar emocional con precisión y eficacia.

En esencia, la importancia del condicionamiento emocional en la investigación y la práctica psicológica reside en su capacidad única para esclarecer la interacción entre las señales ambientales, las experiencias afectivas y las respuestas adaptativas o desadaptativas. Una comprensión profunda de estas dinámicas entrelazadas no solo impulsa avances revolucionarios en nuestra comprensión teórica del comportamiento humano, sino que también sirve como catalizador para la sanación transformadora en las vidas de quienes lidian con el laberinto de las aflicciones emocionales.

Definiciones y conceptos básicos

El condicionamiento emocional, como proceso psicológico, se centra principalmente en la formación y modificación de respuestas emocionales mediante el aprendizaje asociativo. En esencia, implica la adquisición de reacciones emocionales específicas ante estímulos neutros que se asocian con eventos emocionalmente significativos, lo que resulta en el desarrollo de respuestas emocionales condicionadas. Un aspecto central de este concepto es la comprensión de que las emociones no son solo innatas, sino que también pueden ser moldeadas por factores ambientales y experienciales.

La clave para comprender el condicionamiento emocional reside en la distinción entre estímulos y respuestas incondicionados y condicionados. Los estímulos incondicionados (EI) provocan de forma natural una reacción emocional sin aprendizaje previo, como el miedo ante ruidos fuertes. Las respuestas incondicionadas (RI) son las reacciones emocionales naturales que estos estímulos evocan. Por el contrario, los estímulos condicionados (EC) son inicialmente neutros, pero se asocian con los EI durante el proceso de condicionamiento. Las respuestas condicionadas (RC) son las reacciones emocionales aprendidas que generan los EC tras el condicionamiento. Esta dicotomía constituye la base para comprender cómo funciona el condicionamiento emocional y cómo puede aplicarse a diversas situaciones.

La relación temporal entre estímulos y respuestas desempeña un papel crucial en el condicionamiento emocional. El condicionamiento retardado implica presentar el EC antes del EI, mientras que el condicionamiento simultáneo presenta ambos estímulos simultáneamente. El condicionamiento de traza introduce una brecha temporal entre el final del EC y el inicio del EI. Cada forma de condicionamiento contribuye a nuestra comprensión de cómo las emociones se vinculan con señales y eventos específicos del entorno.

El concepto de condicionamiento emocional también es central en el proceso de extinción, donde la asociación previamente establecida entre el condicionamiento emocional y el condicionamiento emocional inducido se debilita o disminuye con el tiempo debido a la ausencia de refuerzo. Comprender los matices de los procesos de extinción es esencial para abordar las respuestas emocionales desadaptativas y desarrollar intervenciones terapéuticas eficaces.

El condicionamiento emocional está estrechamente vinculado a los conceptos de generalización y discriminación emocional. La generalización ocurre cuando estímulos similares evocan la misma respuesta condicionada, mientras que la discriminación implica la capacidad de diferenciar entre estímulos y generar respuestas específicas en consecuencia. Estos fenómenos arrojan luz sobre la complejidad del condicionamiento emocional y ofrecen perspectivas sobre cómo las emociones pueden modularse o refinarse mediante experiencias de aprendizaje selectivo.

Principios básicos del aprendizaje emocional

El aprendizaje emocional, componente fundamental del condicionamiento emocional, abarca los procesos cognitivos y afectivos mediante los cuales las personas adquieren, procesan y expresan respuestas emocionales a los estímulos. Este fenómeno opera en el marco más amplio del conductismo y la psicología cognitiva, esclareciendo los mecanismos que subyacen al desarrollo y la reactividad emocional. En esencia, el aprendizaje emocional se rige por varios principios fundamentales que configuran el repertorio emocional y el comportamiento adaptativo de cada individuo.

Un principio clave del aprendizaje emocional es el condicionamiento clásico, expuesto inicialmente por Iván Pávlov y posteriormente integrado en la comprensión de las respuestas emocionales. Mediante asociaciones repetidas entre un estímulo neutro y un evento emocionalmente relevante, las personas desarrollan respuestas emocionales condicionadas, como el miedo, la alegría o la aversión. Este proceso dilucida el papel de las señales ambientales en la configuración de las reacciones emocionales y sienta las bases para comprender cómo las emociones se arraigan a través de la experiencia.

El concepto de condicionamiento operante, propuesto por B. F. Skinner, desempeña un papel fundamental en el aprendizaje emocional. Al enfatizar las consecuencias de la conducta, el condicionamiento operante explica cómo las expresiones emocionales se moldean y refuerzan según sus resultados. El refuerzo positivo, el refuerzo negativo y el castigo contribuyen a la modulación y adquisición de respuestas emocionales, lo que subraya la interacción entre las contingencias ambientales y los procesos de aprendizaje emocional.

El aprendizaje emocional también abarca la noción de contagio emocional, en la que los individuos transmiten e imitan recíprocamente los estados emocionales de los demás. Este fenómeno social no solo facilita la difusión de experiencias emocionales en contextos interpersonales, sino que también subraya la importancia de los procesos empáticos y el aprendizaje social en el desarrollo emocional.

Los fundamentos neurobiológicos del aprendizaje emocional se dilucidan cada vez más, gracias a los avances en neurociencia que arrojan luz sobre la interacción entre los circuitos neuronales, los neurotransmisores y la consolidación de la memoria emocional. La amígdala, la corteza prefrontal y el hipocampo se encuentran entre las regiones cerebrales clave implicadas en el aprendizaje emocional, orquestando la codificación, la recuperación y la modulación de estímulos con carga emocional.

Fundamentos teóricos y supuestos filosóficos

En esencia, el condicionamiento emocional se basa en los principios conductistas propuestos por Iván Pávlov y John B. Watson. Estas teorías fundamentales enfatizan la importancia de las conductas observables y los estímulos ambientales en la configuración de las respuestas emocionales y los procesos de aprendizaje. Además, los supuestos filosóficos que subyacen al condicionamiento emocional están profundamente entrelazados con el debate entre la naturaleza y la crianza, que explora las contribuciones relativas de la genética y los factores ambientales al desarrollo humano.

Un fundamento teórico clave del condicionamiento emocional reside en el principio de asociación estímulo-respuesta. Según esta perspectiva, las respuestas emocionales se aprenden mediante la asociación repetida de un estímulo neutro con un evento biológicamente significativo u otra respuesta emocional preexistente. Este proceso conduce a la formación de fuertes vínculos asociativos entre el estímulo previamente neutro y la reacción emocional, lo que finalmente resulta en la generación de la respuesta emocional mediante la presentación del estímulo únicamente. Por lo tanto, la teoría del condicionamiento emocional se basa en gran medida en el concepto de aprendizaje asociativo, donde la adquisición y modificación de las respuestas emocionales se rigen por las relaciones entre los estímulos y los resultados conductuales.

Los fundamentos teóricos del condicionamiento emocional también abarcan componentes cognitivos, en particular el papel de la cognición en la mediación de las respuestas emocionales. Mientras que las teorías conductistas tradicionales se centran principalmente en las conductas observables y las contingencias ambientales, las perspectivas modernas del condicionamiento emocional han integrado elementos cognitivos para explicar los complejos procesos cognitivos implicados en el aprendizaje emocional. Estos fundamentos cognitivos destacan la influencia de la atención, la memoria y la percepción en la configuración de las respuestas emocionales, ampliando así el marco teórico del condicionamiento emocional más allá de los paradigmas puramente conductistas.

Filosóficamente, el condicionamiento emocional plantea profundas preguntas sobre los determinantes de las emociones humanas y la plasticidad de las experiencias emocionales. Este campo de investigación se entrelaza con debates filosóficos más amplios sobre el libre albedrío, el determinismo y la maleabilidad de la naturaleza humana. Al explorar los supuestos filosóficos que sustentan el condicionamiento emocional, investigadores y profesionales pueden comprender mejor las implicaciones de esta teoría para comprender el comportamiento humano, la regulación emocional y las intervenciones psicológicas.

Comparación con constructos psicológicos relacionados

Al profundizar en el ámbito del condicionamiento emocional, es esencial explorar su intersección con otros constructos y teorías psicológicas. Una de estas comparaciones radica en contrastar el condicionamiento emocional con el condicionamiento clásico y el operante, ambos conceptos fundamentales del conductismo. Si bien el condicionamiento emocional comparte puntos en común con estas formas de aprendizaje, también se distingue por la naturaleza de la respuesta condicionada, que a menudo implica reacciones afectivas o emocionales en lugar de simples comportamientos observables.

El papel de la cognición y los procesos mentales en el condicionamiento emocional invita a una comparación con las teorías cognitivas de la emoción, en particular la teoría de la evaluación y la hipótesis de la retroalimentación facial. Comprender cómo las evaluaciones e interpretaciones cognitivas influyen en las respuestas emocionales proporciona información valiosa sobre la complejidad del condicionamiento emocional, destacando la interacción entre los componentes cognitivos y conductuales.

El espectro más amplio de las emociones y su regulación propicia una yuxtaposición con las teorías de la regulación emocional, en particular aquellas que se centran en estrategias para modificar las experiencias y expresiones emocionales. Al examinar el condicionamiento emocional junto con estos marcos reguladores, los investigadores pueden obtener una comprensión integral de cómo se moldean, refuerzan y modulan las respuestas emocionales en los individuos y en diversos contextos.

Otra área de coincidencia surge al considerar los aspectos evolutivos del condicionamiento emocional en relación con la psicología del desarrollo, la teoría del apego y la teoría del aprendizaje social. Reconocer cómo las experiencias tempranas, los estilos de apego y las influencias sociales contribuyen a la formación de respuestas emocionales subraya la interconexión del condicionamiento emocional con los procesos evolutivos y las interacciones sociales.

Además, la consideración de las diferencias individuales y los rasgos de personalidad en el condicionamiento emocional se alinea con las teorías de la personalidad, como la teoría de los rasgos y las perspectivas psicodinámicas, que enfatizan el papel de las dinámicas inconscientes en la configuración de las experiencias emocionales. Al integrar estas perspectivas, se puede lograr una comprensión más matizada de cómo las variaciones individuales en la reactividad y la regulación emocional se intersectan con los procesos de condicionamiento emocional.

Conceptos erróneos comunes y aclaraciones

Las ideas erróneas sobre el condicionamiento emocional han persistido debido a la desinformación, la simplificación excesiva y su combinación con otros procesos psicológicos. Una idea errónea frecuente es la creencia de que el condicionamiento emocional solo implica la adquisición de respuestas de miedo, ignorando la amplia gama de emociones que pueden condicionarse. Esta simplificación excesiva menoscaba la naturaleza matizada del condicionamiento emocional, que abarca tanto emociones positivas como negativas, así como asociaciones emocionales complejas.

Otro error común se refiere a la permanencia de las respuestas emocionales condicionadas. Si bien el condicionamiento inicial puede parecer duradero, investigaciones posteriores sugieren que estas asociaciones pueden modificarse e incluso extinguirse mediante diversas técnicas, como la desensibilización sistemática y el contracondicionamiento. Comprender la plasticidad del condicionamiento emocional es crucial para disipar la idea errónea de que, una vez condicionada, una respuesta emocional es fija e inmutable.

A menudo surgen creencias erróneas sobre el papel de la cognición en el condicionamiento emocional. Contrariamente a la idea errónea de que el condicionamiento ignora los procesos cognitivos, las teorías contemporáneas reconocen la interacción entre la evaluación cognitiva y el aprendizaje emocional. Este reconocimiento resalta la necesidad de aclarar que el condicionamiento emocional no es únicamente producto de reacciones automáticas y reflexivas, sino que está influenciado por evaluaciones e interpretaciones cognitivas.

Una aclaración pertinente implica abordar la incomprensión de las implicaciones éticas del estudio del condicionamiento emocional, en particular en relación con sujetos humanos. Las consideraciones y directrices éticas rigen el uso de técnicas de condicionamiento en la investigación y enfatizan la máxima importancia del consentimiento informado, la sesión informativa y la minimización del sufrimiento. Al aclarar estos estándares éticos, se hace evidente que el estudio responsable del condicionamiento emocional prioriza el bienestar y la autonomía de los participantes.

Existe una idea errónea generalizada sobre la aplicabilidad del condicionamiento emocional exclusivamente a los individuos, descuidando su relevancia en contextos sociales y culturales. El condicionamiento emocional trasciende las experiencias individuales e impregna las normas sociales, los rituales culturales y las identidades grupales. Reconocer este amplio alcance requiere disipar la idea errónea de que el condicionamiento emocional se limita a las circunstancias individuales.

Enfoques metodológicos

La investigación del condicionamiento emocional implica un enfoque meticuloso para diseñar y ejecutar estudios que capturen las complejidades del comportamiento humano y las respuestas emocionales. Los enfoques metodológicos para estudiar el condicionamiento emocional abarcan diversas técnicas y herramientas destinadas a comprender los mecanismos de aprendizaje, desaprendizaje e influencia de las emociones por estímulos externos. Los investigadores emplean diversos métodos para investigar el condicionamiento emocional, cada uno con sus propias fortalezas y limitaciones. Los estudios experimentales constituyen la piedra angular de los enfoques metodológicos, y a menudo utilizan paradigmas de condicionamiento clásico y operante para investigar las respuestas emocionales. Mediante presentaciones controladas de estímulos y mediciones conductuales, los investigadores pueden mapear la adquisición, extinción y generalización de las respuestas emocionales, arrojando luz sobre los procesos cognitivos y fisiológicos subyacentes. Además, mediciones fisiológicas como la actividad electrodérmica, la variabilidad de la frecuencia cardíaca y técnicas de neuroimagen como la resonancia magnética funcional (fMRI) y la electroencefalografía (EEG) proporcionan información invaluable sobre los sustratos neuronales y los correlatos autónomos del condicionamiento emocional. Estos enfoques permiten a los investigadores descifrar la interacción entre la cognición, la emoción y la activación fisiológica, ofreciendo una comprensión integral del aprendizaje emocional. Las consideraciones éticas desempeñan un papel fundamental en el marco metodológico de la investigación del condicionamiento emocional. Dado que los estudios sobre condicionamiento emocional a menudo implican la exposición a estímulos emocionales, garantizar el bienestar de los participantes y el consentimiento informado es fundamental. Las directrices éticas rigen el tratamiento de sujetos humanos y animales para proteger sus derechos y minimizar el daño. Además, los diseños longitudinales y transversales contribuyen al repertorio metodológico, permitiendo a los investigadores examinar el desarrollo y la persistencia de las respuestas emocionales condicionadas a lo largo del tiempo y en diversas poblaciones. Asimismo, los avances tecnológicos han dado lugar a metodologías innovadoras, como simulaciones de realidad virtual y evaluaciones ambulatorias, que permiten investigaciones ecológicamente válidas del condicionamiento emocional en contextos del mundo real. Estos enfoques de vanguardia brindan a los investigadores la oportunidad de explorar la naturaleza dinámica del condicionamiento emocional en entornos cotidianos, proporcionando una visión holística de la capacidad de respuesta emocional. La integración de diversos enfoques metodológicos fomenta una comprensión multidimensional del condicionamiento emocional, enriqueciendo el campo con conocimientos matizados y posibles aplicaciones en entornos clínicos, educativos y organizacionales.

Relevancia para cuestiones psicológicas contemporáneas

Mientras el mundo se enfrenta a una serie de problemas de salud mental y desafíos conductuales, es fundamental comprender cómo el condicionamiento emocional influye en el pensamiento, las emociones y el comportamiento humanos. En la sociedad actual, es evidente que las personas se ven constantemente bombardeadas por una multitud de estímulos que pueden moldear sus respuestas emocionales y sus acciones subsiguientes. Desde la influencia generalizada de las redes sociales hasta el impacto de eventos traumáticos a escala global, el papel del condicionamiento emocional en el bienestar psicológico es innegable.

Uno de los problemas psicológicos contemporáneos clave que se relaciona con el condicionamiento emocional es la prevalencia de los trastornos de ansiedad y las fobias. El condicionamiento emocional ofrece información valiosa sobre el desarrollo y la perpetuación de estos trastornos, ya que las personas pueden desarrollar miedos irracionales y respuestas de ansiedad intensificadas mediante el aprendizaje asociativo. Al examinar el proceso de adquisición del miedo y su mantenimiento mediante el condicionamiento emocional, psicólogos y terapeutas pueden diseñar intervenciones específicas para aliviar y controlar estos trastornos debilitantes.

El auge de la tecnología y los entornos virtuales ha traído nuevas dimensiones al estudio del condicionamiento emocional. La naturaleza inmersiva de la realidad virtual permite a los investigadores simular y manipular desencadenantes emocionales, proporcionando una plataforma única para comprender las complejidades de las respuestas emocionales en entornos controlados. Este avance no solo mejora nuestra comprensión del condicionamiento emocional, sino que también allana el camino para aplicaciones terapéuticas innovadoras en el tratamiento de diversos trastornos psicológicos.

Otro problema contemporáneo apremiante que subraya la importancia del condicionamiento emocional es la prevalencia de la adicción, incluyendo el abuso de sustancias y las conductas problemáticas. El condicionamiento emocional dilucida el papel del aprendizaje asociativo en las vías de recompensa del cerebro, lo que arroja luz sobre los mecanismos mediante los cuales las personas desarrollan y mantienen conductas adictivas. Reconocer el impacto de las señales ambientales y las respuestas emocionales condicionadas en la adicción abre caminos para el desarrollo de estrategias de tratamiento integrales que aborden tanto los componentes cognitivos como emocionales de las conductas adictivas.

El creciente énfasis en la diversidad cultural y sus implicaciones para la salud mental plantea la necesidad de examinar el condicionamiento emocional en diversos contextos sociales. Comprender cómo las normas, valores y experiencias culturales influyen en las respuestas emocionales y los procesos de condicionamiento es crucial para brindar intervenciones psicológicas culturalmente sensibles y eficaces. Al reconocer la interacción entre los factores culturales y el condicionamiento emocional, los psicólogos pueden adaptar enfoques terapéuticos que resuenen con las experiencias vividas y los antecedentes socioculturales de diversas poblaciones, promoviendo así la inclusión y la equidad en la atención de la salud mental.

En general, la integración de la investigación sobre el condicionamiento emocional con los problemas psicológicos contemporáneos es sumamente prometedora para mejorar nuestra comprensión del comportamiento humano y la eficacia de las intervenciones psicológicas. Al abordar estas intersecciones innovadoras, este libro pretende contribuir al diálogo continuo sobre la relevancia del condicionamiento emocional para abordar los múltiples desafíos de la psicología moderna.

CONTEXTO HISTÓRICO Y DESARROLLO

Las primeras teorías de la emoción en la ciencia psicológica

La psicología temprana presenció el surgimiento de diversas teorías y conceptualizaciones sobre la emoción, reflejo del ambiente intelectual de la época. Los primeros intentos por definir y comprender la emoción se basaron profundamente en tradiciones filosóficas e introspectivas, con figuras destacadas como William James y Carl Lange, quienes propusieron teorías influyentes. La teoría de James-Lange, por ejemplo, postulaba que la experiencia emocional surge de la percepción de cambios corporales, una idea que cuestionaba las visiones tradicionales de la emoción como algo que surge únicamente de las experiencias conscientes. De igual manera, el surgimiento del funcionalismo como enfoque psicológico enfatizó las funciones adaptativas de las emociones en los organismos y el papel de las influencias ambientales en la configuración de las respuestas emocionales. Simultáneamente, la teoría psicoanalítica de Sigmund Freud destacó los determinantes inconscientes de la emoción, arrojando luz sobre la interacción entre los procesos conscientes e inconscientes en las experiencias emocionales. Estas primeras teorías sentaron las bases para desarrollos posteriores en la comprensión de las complejidades de la emoción dentro del ámbito de la ciencia psicológica. Además, la evolución de estas teorías subrayó los cambios fundamentales que se estaban produciendo en la disciplina, sentando las bases para el eventual auge del conductismo como paradigma dominante en psicología. A medida que la psicología transitaba hacia un enfoque más empírico y experimental, marcado por la obra fundamental de Iván Pávlov y el posterior desarrollo del condicionamiento clásico, la conceptualización de la emoción experimentó una transformación significativa. El cambio hacia un marco de orientación conductista priorizó las conductas observables y los estímulos externos como determinantes clave de las reacciones emocionales, marcando el comienzo de una nueva era de investigación experimental sobre la naturaleza de las emociones. Este cambio no solo revolucionó los fundamentos teóricos de los estudios emocionales, sino que también allanó el camino para una investigación más rigurosa y sistemática de los procesos emocionales.

Los inicios del condicionamiento - La base de Pávlov

El trabajo pionero de Pávlov sobre el condicionamiento clásico sentó las bases para comprender cómo las asociaciones aprendidas pueden moldear las respuestas emocionales y conductuales. Iván Petróvich Pávlov, fisiólogo ruso, realizó su investigación fundamental sobre el sistema digestivo y, sin darse cuenta, descubrió los principios del condicionamiento clásico. Observó que los perros salivaban en respuesta a la vista o el olor de la comida, un acto reflejo natural. Sin embargo, mediante una serie de experimentos cuidadosamente diseñados, demostró que los perros comenzaban a salivar al sonido de una campana, cuando ambos estímulos se emparejaban repetidamente. Esto condujo a la teoría de los reflejos condicionados, donde un estímulo inicialmente neutro (la campana) se asociaba con el estímulo incondicionado (la comida) y provocaba una respuesta condicional (salivación). Las profundas implicaciones del trabajo de Pávlov trascendieron el campo de la fisiología y se extendieron al de la psicología. Sus hallazgos destacaron el papel de los estímulos ambientales en la configuración del comportamiento y las emociones, cuestionando la noción predominante del determinismo instintivo. Estos descubrimientos sentaron las bases para el desarrollo del conductismo y el estudio del condicionamiento emocional. Además, la investigación de Pávlov sentó las bases para posteriores exploraciones en el aprendizaje asociativo, proporcionando un marco para comprender cómo las señales ambientales pueden desencadenar respuestas emocionales. El concepto de respuestas condicionadas, tal como lo elucida Pávlov, jugó un papel fundamental en la configuración de las teorías modernas de la emoción y las intervenciones psicológicas. El trabajo de Pávlov no solo revolucionó nuestra comprensión de la conexión mente-cuerpo, sino que también influyó profundamente en la trayectoria de la investigación psicológica.

Mediante sus meticulosas observaciones y experimentación sistemática, Pávlov estableció los principios fundamentales del condicionamiento que continúan informando la investigación contemporánea en psicología emocional y prácticas terapéuticas.

Surgimiento del conductismo - Fundamentos y principios

Los fundamentos del conductismo se remontan al trabajo pionero de psicólogos como John B. Watson, quien buscó establecer un enfoque científico para comprender y predecir el comportamiento centrándose exclusivamente en fenómenos observables y medibles. Uno de los principios clave que sustentan el conductismo es el rechazo de la introspección y los procesos mentales no observables como temas legítimos para la investigación científica. En cambio, los conductistas enfatizaron la importancia de estudiar comportamientos externos que pudieran observarse y cuantificarse objetivamente en entornos experimentales. Este cambio hacia una metodología más objetiva y empírica sentó las bases para un enfoque sistemático y riguroso de la investigación psicológica. Un elemento central de los principios del conductismo es el concepto de condicionamiento operante, elucidado por B. F. Skinner. Esta influyente teoría postula que el comportamiento es moldeado y modificado por sus consecuencias, donde el refuerzo y el castigo desempeñan un papel fundamental en el proceso de aprendizaje. El énfasis en los estímulos y las respuestas ambientales como determinantes del comportamiento distingue al conductismo de las perspectivas psicológicas anteriores y ha tenido implicaciones duraderas tanto para la investigación como para los ámbitos aplicados dentro de la disciplina. Además, el conductismo también enfatiza la importancia del entorno en la configuración del comportamiento individual y rechaza la noción de tendencias o rasgos innatos que rigen el comportamiento. Este enfoque en los determinantes ambientales ha sido instrumental en la información de las intervenciones terapéuticas y las técnicas de modificación de conducta dirigidas a fomentar comportamientos adaptativos y mejorar los desadaptativos. Además, el conductismo aboga por el uso de métodos experimentales, particularmente experimentos de laboratorio controlados, como un medio para probar rigurosamente hipótesis y derivar principios generales sobre el comportamiento. Esta orientación empírica ha sido invaluable en el avance de nuestra comprensión de varios aspectos del comportamiento humano y ha establecido al conductismo como una piedra angular de la psicología moderna. La influencia del conductismo se extiende más allá de los confines de la psicología académica, permeando campos como la educación, la psicología clínica y el comportamiento organizacional, donde sus principios se han aprovechado para desarrollar intervenciones y estrategias efectivas.

Las primeras contribuciones de John B. Watson

John B. Watson revolucionó el estudio del comportamiento humano al enfatizar los aspectos objetivos y observables de los fenómenos psicológicos. Su obra fundamental sentó las bases para el examen sistemático de las respuestas emocionales y su condicionamiento. La ruptura de Watson con los métodos introspectivos y su enfoque en la investigación experimental marcaron un cambio significativo en el campo de la psicología. Un aspecto central de su enfoque fue la creencia de que todo comportamiento, incluidas las reacciones emocionales, podía comprenderse a través de los principios del condicionamiento. La exploración temprana de Watson sobre el condicionamiento de las emociones influyó en la investigación y las prácticas terapéuticas posteriores. Una de sus demostraciones pioneras del condicionamiento emocional, el caso del pequeño Albert, sigue siendo un hito controvertido en la psicología conductual. Las implicaciones éticas y los detalles metodológicos de este estudio continúan provocando debate y escrutinio entre los académicos contemporáneos. El compromiso de Watson con la investigación empírica rigurosa y su influyente marco teórico han dejado una huella imborrable en el estudio del condicionamiento emocional. Su énfasis en los determinantes ambientales del comportamiento continúa moldeando las perspectivas modernas sobre la naturaleza y el desarrollo de las emociones. Además, la conceptualización de Watson sobre el condicionamiento emocional ha permeado diversos ámbitos prácticos, como la educación, la publicidad y la intervención clínica.

El experimento del pequeño Albert: metodología y resultados

El experimento del Pequeño Albert, realizado por John B. Watson y su estudiante de posgrado Rosalie Rayner en 1920, es un estudio fundamental en el ámbito del condicionamiento emocional. La metodología empleada en este experimento pionero fue innovadora y controvertida para su época, y arrojó profundos conocimientos sobre la adquisición y generalización de las respuestas de miedo en niños pequeños. El objetivo principal del estudio fue investigar si reacciones emocionales específicas, como el miedo, podían inducirse mediante el condicionamiento clásico en un bebé.

Los investigadores seleccionaron a un bebé sano de 9 meses, al que llamaron Albert B., para su estudio. Inicialmente, Albert no temía a diversos estímulos, como ratas y otros objetos peludos. El experimento se llevó a cabo introduciendo una rata blanca de laboratorio a Albert junto con un ruido fuerte y estridente producido al golpear una varilla metálica con un martillo a sus espaldas. Esta asociación entre la presencia de la rata y el ruido sobresaltante pretendía condicionar una respuesta de miedo en Albert hacia el estímulo previamente neutral, es decir, la rata.

Mediante la exposición sistemática a la combinación rata-ruido durante varias sesiones, Albert comenzó a mostrar signos de angustia y evitación cuando se le presentaba solo la rata, incluso en ausencia del ruido fuerte que la acompañaba. Este hallazgo crucial destacó la inducción exitosa de una respuesta de miedo mediante asociaciones condicionadas, demostrando así la maleabilidad de las respuestas emocionales ante los estímulos ambientales.

El estudio amplió su investigación más allá de la observación inicial del miedo a las ratas, revelando que el miedo condicionado de Albert se había generalizado a otros estímulos similares, como conejos, perros y abrigos de piel. Esta ampliación de las respuestas de miedo a objetos comparables reforzó el concepto de generalización de estímulos, consolidando aún más los principios fundamentales del condicionamiento emocional propuestos por Watson y Rayner.

A pesar de las invaluables contribuciones del experimento del Pequeño Albert a nuestra comprensión de la psicología conductual, las consideraciones éticas en torno al tratamiento del bebé han suscitado debates en la comunidad científica. El uso de un niño vulnerable en un entorno experimental tan angustioso plantea complejas cuestiones sobre los límites éticos de la investigación psicológica y la protección de los sujetos humanos.

Sin embargo, el impacto del experimento del Pequeño Albert en el campo de la psicología no puede subestimarse, ya que continúa estimulando debates actuales sobre las responsabilidades éticas de los investigadores y las posibles implicaciones de las experiencias de la primera infancia en el desarrollo emocional y la psicopatología.

Descubrimientos y avances teóricos del período de entreguerras

El período de entreguerras marcó una fase significativa en la evolución del condicionamiento emocional como concepto científico formal. Durante este período, se prestó mayor atención al estudio sistemático del comportamiento humano, lo que condujo a varios descubrimientos cruciales y avances teóricos que moldearon la trayectoria de la investigación sobre el condicionamiento emocional. Académicos y psicólogos profundizaron en la exploración de las complejidades de las respuestas emocionales condicionadas y buscaron ampliar los principios fundamentales establecidos por pioneros como John B. Watson e Iván Pávlov.

Uno de los avances clave de esta época fue el perfeccionamiento de las metodologías experimentales para el estudio del condicionamiento emocional. Los investigadores comenzaron a enfatizar la importancia de un diseño experimental riguroso y protocolos estandarizados para garantizar la validez y fiabilidad de sus hallazgos. Este cambio hacia la precisión metodológica allanó el camino para investigaciones más matizadas sobre las complejidades de las respuestas emocionales y los factores que influyen en su adquisición y expresión.

Simultáneamente, el discurso psicológico de entreguerras presenció un auge de las colaboraciones interdisciplinarias, con la integración de perspectivas de la fisiología, la neurología y otras disciplinas científicas en el estudio del condicionamiento emocional. Este enfoque multidisciplinario facilitó una comprensión más holística de los mecanismos subyacentes implicados en la formación y modulación de las respuestas emocionales condicionadas. También contribuyó al desarrollo de marcos teóricos integrales que buscaban dilucidar la compleja interacción entre los estímulos ambientales, los procesos cognitivos y las reacciones emocionales.

El período de entreguerras presenció el surgimiento de influyentes modelos teóricos que buscaban explicar en profundidad los fenómenos del condicionamiento emocional. Destacados académicos propusieron marcos conceptuales que subrayaban el papel de los factores cognitivos, los procesos atencionales y los mecanismos de aprendizaje asociativo en la configuración de las respuestas emocionales. Estos avances teóricos no solo enriquecieron el panorama teórico del condicionamiento emocional, sino que también sentaron las bases para posteriores investigaciones empíricas y refinamientos teóricos en las décadas posteriores.

La posguerra y la expansión del pensamiento conductista

En la posguerra, el pensamiento conductista experimentó una expansión significativa a medida que los avances tecnológicos y metodológicos permitieron investigaciones más detalladas sobre el condicionamiento emocional. Cabe destacar que el desarrollo de nuevas herramientas de investigación, como las cámaras de condicionamiento operante, o «cajas de Skinner», proporcionó a los investigadores un mayor control sobre las condiciones experimentales, permitiéndoles explorar los matices de las respuestas emocionales con una precisión sin precedentes.

Este período presenció un creciente interés en el condicionamiento emocional en diversas disciplinas, lo que propició un auge de las colaboraciones interdisciplinarias. Psicólogos, neurocientíficos e incluso etólogos unieron fuerzas para profundizar en los mecanismos subyacentes del condicionamiento emocional, aprovechando diversas perspectivas para enriquecer la comprensión de este complejo fenómeno.

El período de posguerra también fue testigo de la creciente influencia del conductismo más allá de los confines de la investigación académica, permeando campos aplicados como la psicología clínica y la educación. Los principios conductistas se incorporaron cada vez más a las intervenciones terapéuticas, allanando el camino para técnicas de modificación de conducta que resultaron fundamentales para abordar una amplia gama de desafíos emocionales y conductuales.

El panorama sociopolítico global de la posguerra impulsó un enfoque más profundo en la resiliencia emocional y la adaptación. Las atrocidades de la guerra generaron una necesidad apremiante de comprender y abordar las secuelas psicológicas que sufrían individuos y comunidades, lo que impulsó a los conductistas a explorar la maleabilidad de las respuestas emocionales y su potencial de reconfiguración mediante el condicionamiento sistemático.

En medio de esta expansión, surgieron debates y discusiones dentro de la comunidad conductista, lo que fomentó una rica diversidad de teorías, metodologías y aplicaciones. Esta efervescencia intelectual impulsó rápidos avances en el campo del condicionamiento emocional, a medida que los académicos se involucraban en un discurso riguroso y un escrutinio empírico para refinar sus conceptualizaciones y prácticas.

Sin embargo, junto con este período de crecimiento, el pensamiento conductista también se enfrentó a críticas de paradigmas psicológicos emergentes que subrayaban las limitaciones de un marco puramente estímulo-respuesta para comprender los procesos emocionales complejos. Estas críticas, si bien desafiantes, estimularon una reconsideración de los supuestos fundamentales, lo que desencadenó una ola de introspección e innovación dentro del campo conductista.

En definitiva, la posguerra constituye un capítulo crucial en las crónicas del condicionamiento emocional, anunciando una era de exploración, diversificación e integración sin precedentes. Una era en la que las semillas sembradas en los inicios del conductismo florecieron en un vibrante tapiz de investigación científica, avances tecnológicos e innovación terapéutica.

Críticas y desafíos de los paradigmas psicológicos emergentes

A medida que el condicionamiento emocional ganó prominencia en la posguerra, inevitablemente enfrentó críticas y desafíos por parte de los paradigmas psicológicos emergentes. Una de las principales críticas provino de la creciente influencia de la psicología cognitiva, que enfatizaba el papel de procesos mentales como la percepción, la atención y la memoria en la configuración del comportamiento. Los críticos argumentaron que el condicionamiento emocional, al centrarse únicamente en los comportamientos observables, pasaba por alto la interacción entre la cognición y la emoción. Esto condujo a debates sobre la necesidad de incorporar elementos cognitivos al marco conductista tradicional, lo que provocó un cambio paradigmático en el campo. Además, la psicología humanista presentó una perspectiva alternativa que desafió la naturaleza reduccionista del conductismo. Los psicólogos humanistas destacaron la importancia de las experiencias subjetivas individuales, el libre albedrío y la autorrealización, lo que contrastaba marcadamente con los principios deterministas del condicionamiento emocional. Estas críticas plantearon preguntas fundamentales sobre la naturaleza del comportamiento y la experiencia humanos, lo que requirió una reevaluación de los paradigmas existentes. Además, los avances en neurociencia y psicofarmacología introdujeron nuevas dimensiones en el estudio de las emociones y los comportamientos, ofreciendo explicaciones biológicas para las respuestas emocionales que trascendían los confines de los estímulos ambientales. Esto planteó un desafío formidable al determinismo puramente ambiental propugnado por el condicionamiento emocional, dando lugar a acalorados debates sobre las contribuciones relativas de la genética, la neurobiología y el entorno al desarrollo emocional. El advenimiento de la psicología evolutiva también planteó desafíos significativos a las nociones predominantes del condicionamiento emocional al enfatizar las funciones adaptativas de las emociones en la supervivencia y reproducción humanas. Al implicar fuerzas evolutivas en los procesos emocionales, este paradigma arrojó luz sobre los orígenes antiguos de ciertas respuestas emocionales, poniendo en duda la exclusividad de las asociaciones aprendidas, como propone el condicionamiento emocional. Además, la psicología social y cultural planteó preguntas pertinentes sobre la aplicabilidad transcultural del condicionamiento emocional, insinuando la posible variabilidad de las respuestas emocionales en diversos contextos sociales. Por ello, la disciplina se enfrentó a la imperiosa tarea de reconciliar estas críticas e integrar conocimientos de perspectivas psicológicas dispares en un marco más amplio.

Integración en marcos psicológicos más amplios

La integración del condicionamiento emocional en marcos psicológicos más amplios ha sido un proceso intrigante y complejo, marcado por importantes contribuciones y debates dentro del campo. A medida que el conductismo evolucionó y se diversificó gradualmente, el condicionamiento emocional se vio entretejido en la investigación y la práctica psicológica de diversas maneras. Una vía destacada de integración ha sido la psicología cognitiva, donde la interacción entre los procesos de condicionamiento y las funciones cognitivas de orden superior ha dado lugar a una amplia exploración. Esto ha llevado a una comprensión más profunda de cómo las emociones no solo están condicionadas clásicamente, sino que también están influenciadas por las evaluaciones cognitivas, las expectativas y las creencias. La incorporación de los principios del condicionamiento emocional en las terapias cognitivo-conductuales ha arrojado resultados prometedores, lo que subraya las implicaciones prácticas de esta integración. Además, la asimilación del condicionamiento emocional en la psicología del desarrollo ha arrojado luz sobre el impacto de las experiencias tempranas en la regulación emocional y la psicopatología. Los investigadores han profundizado en los mecanismos a través de los cuales el condicionamiento moldea el desarrollo emocional, ofreciendo valiosas perspectivas sobre los trastornos e intervenciones en la infancia. Otra vía de integración ha sido el floreciente campo de la neurociencia afectiva, donde los avances en las técnicas de imagen cerebral han proporcionado evidencia contundente de los sustratos neuronales que subyacen a las respuestas emocionales condicionadas. Este enfoque interdisciplinario ha profundizado nuestra comprensión de los fundamentos neurobiológicos del condicionamiento emocional, dilucidando la interacción entre las predisposiciones genéticas, los factores ambientales y los procesos de aprendizaje. Además, la psicología evolutiva ha contribuido a la integración del condicionamiento emocional al examinar su importancia adaptativa en diferentes especies y culturas. Al situar el condicionamiento emocional en el marco de la selección natural y la aptitud reproductiva, los investigadores han dilucidado el valor adaptativo de adquirir y expresar respuestas emocionales a estímulos relevantes. Esta integración multifacética en marcos psicológicos más amplios subraya las profundas implicaciones y aplicaciones del condicionamiento emocional en diversos ámbitos de la investigación psicológica. A medida que continuamos desentrañando las complejidades de la emoción y el comportamiento humanos, esta integración desempeñará sin duda un papel fundamental en la configuración de nuestra comprensión de los fenómenos psicológicos y en la elaboración de intervenciones basadas en la evidencia.

El legado del condicionamiento emocional temprano en la investigación contemporánea

El profundo impacto del condicionamiento emocional temprano en nuestra comprensión del comportamiento y la emoción humanos es evidente en su continua relevancia e influencia en los marcos psicológicos modernos. Este legado es particularmente pronunciado en la investigación contemporánea, donde los principios derivados del condicionamiento clásico y operante continúan informando y enriqueciendo los estudios empíricos en diversos ámbitos de la investigación psicológica.

Un aspecto clave del legado del condicionamiento emocional temprano reside en su contribución a la comprensión de los trastornos de ansiedad y las fobias. Al examinar los mecanismos subyacentes al condicionamiento emocional, los investigadores han podido dilucidar el desarrollo y el mantenimiento de respuestas emocionales desadaptativas, lo que proporciona información valiosa para intervenciones terapéuticas eficaces. Además, los avances en las terapias cognitivo-conductuales se han basado ampliamente en los principios del condicionamiento emocional, enfatizando el papel de las asociaciones aprendidas en la perpetuación de estados emocionales disfuncionales. Mediante una rigurosa investigación empírica, los investigadores contemporáneos han ampliado el trabajo fundamental de los conductistas para desarrollar modelos sofisticados de aprendizaje emocional, arrojando luz sobre la interacción entre la cognición, la emoción y la conducta.

El legado del condicionamiento emocional temprano trasciende la psicología clínica y permea diversos campos como la psicología del desarrollo y la neurociencia social. Estudios que exploran el papel del condicionamiento emocional en el desarrollo infantil han subrayado la influencia de las experiencias emocionales tempranas en el funcionamiento psicológico posterior. Estas investigaciones no solo han profundizado nuestra comprensión del desarrollo emocional, sino que también han impulsado el perfeccionamiento de estrategias de intervención destinadas a promover un crecimiento socioemocional saludable en niños y adolescentes.

En el ámbito de la neurociencia social, las investigaciones sobre los sustratos neuronales del condicionamiento emocional han aportado información invaluable sobre los procesos neurobiológicos subyacentes que rigen las respuestas emocionales adaptativas y desadaptativas. Mediante técnicas avanzadas de neuroimagen, investigadores contemporáneos han delineado los circuitos neuronales implicados en la memoria y la extinción emocional, ofreciendo una comprensión más detallada de la plasticidad neuronal en el contexto del aprendizaje emocional. Estos hallazgos tienen profundas implicaciones para el diseño de intervenciones específicas en entornos clínicos, lo que sustenta el desarrollo de intervenciones neurocognitivas adaptadas para mejorar estados emocionales patológicos.

El legado del condicionamiento emocional temprano resuena con fuerza en la investigación conductual contemporánea, permeando campos como la psicología de las adicciones y el comportamiento organizacional. Al analizar el papel del aprendizaje asociativo en las conductas adictivas, los investigadores han dilucidado los mecanismos por los cuales las señales condicionadas precipitan el ansia y la recaída, lo que ha fundamentado el diseño de enfoques terapéuticos integrales. De igual manera, en el comportamiento organizacional, los principios del condicionamiento emocional han fundamentado investigaciones matizadas sobre la motivación de los empleados, el contagio afectivo y la cultura organizacional, ofreciendo un terreno fértil para comprender el impacto de los estímulos ambientales en los estados afectivos y los resultados conductuales.

VIDA Y CARRERA DE JOHN B. WATSON

Vida temprana y educación

John Broadus Watson nació el 9 de enero de 1878 en Travelers Rest, Carolina del Sur. Su padre, Pickens Butler Watson, era agricultor y carpintero itinerante, mientras que su madre, Emma Kesiah Watson, era una mujer religiosa y piadosa que influyó enormemente en la infancia de John. Criado en una granja, el joven Watson desarrolló una sólida ética de trabajo y un profundo aprecio por la naturaleza. A pesar de los modestos recursos familiares, la educación era muy valorada, y sus padres le inculcaron la importancia del aprendizaje y el éxito académico. Este entorno enriquecedor sentó las bases de sus futuras aspiraciones intelectuales. De niño precoz, Watson demostró una curiosidad insaciable por el mundo que lo rodeaba, interrogando a menudo a sus mayores sobre la naturaleza, los animales y el comportamiento humano. Sus años de formación en el sur rural le proporcionaron una comprensión directa de las complejidades de las interacciones humanas en una sociedad predominantemente agrícola. La educación temprana de Watson fue en gran parte informal, con acceso limitado a la educación formal. Sin embargo, su intelecto innato y su afán de conocimiento pronto se hicieron evidentes, lo que impulsó a su familia a buscar oportunidades educativas para él. A los 16 años, se matriculó en la Universidad Furman, donde estudió filosofía, inglés y comportamiento animal, sentando las bases para sus futuras contribuciones al campo de la psicología. Influenciado por las enseñanzas del renombrado psicólogo y filósofo John Dewey, Watson desarrolló un interés por el estudio del comportamiento humano y sus mecanismos subyacentes. Reconoció el profundo impacto de los factores ambientales en la configuración de la conducta y la psicología individual, y comenzó a formular sus revolucionarias teorías. Fue durante este período que se consolidó como un estudiante aplicado y un ferviente defensor del análisis empírico del comportamiento humano.

Influencias e inspiraciones

La curiosidad intelectual y la pasión por la psicología que John B. Watson mantuvo durante toda su vida se vieron influenciadas por numerosos factores que moldearon sus perspectivas e impulsaron sus ideas innovadoras. Durante su formación, Watson se vio profundamente influenciado por las obras de psicólogos de renombre como Iván Pávlov, William James y Sigmund Freud. Sus profundas investigaciones sobre el comportamiento humano y el funcionamiento de la mente cautivaron a Watson y sirvieron de catalizador para su incansable búsqueda de la comprensión de las complejidades de la psique humana. El comienzo del siglo XX fue una época de importantes cambios científicos y filosóficos, y Watson se vio inmerso en este período transformador, inspirándose en los florecientes campos de la fisiología, la neurología y la psicología experimental. Al profundizar en la riqueza de las investigaciones y teorías emergentes de la época, Watson se vio profundamente influenciado por las ideas del determinismo y el empirismo, que se convirtieron en pilares fundamentales de su propio marco psicológico. Además, sus experiencias y encuentros personales también desempeñaron un papel fundamental en la configuración de su trayectoria intelectual. Sus interacciones con mentores, colegas e incluso adversarios influyeron profundamente en sus perspectivas, impulsándolo a desafiar los paradigmas existentes y a cultivar su singular enfoque en el estudio del comportamiento. Además, el entorno sociocultural de la época, marcado por la rápida industrialización y urbanización, proporcionó un rico contexto en el que Watson desarrolló sus teorías, buscando desentrañar los misterios del comportamiento humano en el cambiante panorama de la modernidad.

Actividades y avances académicos

Al adentrarse en el ámbito académico, Watson emprendió un viaje intelectual que definiría su carrera. Su trabajo pionero en el campo de la psicología conductual revolucionó la comprensión del comportamiento humano y sentó las bases para la investigación y los desarrollos posteriores en la disciplina.

La búsqueda de Watson de investigaciones académicamente rigurosas lo llevó a centrarse en el estudio empírico del comportamiento y la exploración de fenómenos observables. Al priorizar un enfoque científico de la psicología, buscó desentrañar las complejidades del comportamiento humano mediante la observación y la experimentación sistemáticas. Esta determinación de aplicar principios científicos al estudio de los procesos psicológicos marcó un hito en la evolución de la investigación psicológica.

En medio de sus actividades académicas, Watson logró una serie de avances revolucionarios que transformaron el panorama de la psicología. Uno de estos avances monumentales fue la conceptualización y el establecimiento de la teoría del condicionamiento clásico, que postulaba que las conductas podían aprenderse mediante la asociación de estímulos. Este innovador paradigma no solo proporcionó una profunda comprensión de los mecanismos subyacentes a la adquisición de la conducta, sino que también sentó las bases para avances posteriores en el estudio del aprendizaje y la conducta.

La aplicación de metodologías objetivas y estándares rigurosos por parte de Watson en su investigación ejemplificó su compromiso con el avance de la psicología. Sus influyentes estudios, incluyendo el infame experimento del Pequeño Albert, demostraron su capacidad para construir experimentos que aportaron información invaluable sobre la naturaleza del comportamiento humano. Gracias a estos esfuerzos, fue pionero de una nueva era en la psicología experimental, estableciendo un referente de rigor y precisión metodológica que resonó en todo el campo.

Más allá de los límites de las actividades académicas tradicionales, el carismático y dinámico enfoque de Watson hacia la investigación inspiró a una generación de psicólogos a adoptar el rigor empírico y la objetividad que él defendía. Su inquebrantable dedicación a la expansión del conocimiento en psicología conductual dejó una huella imborrable en la disciplina y consolidó su legado como figura preeminente en la historia de la psicología.

Papel fundamental en la psicología del comportamiento

En los anales de la historia de la psicología, el papel fundamental de John B. Watson en la psicología conductual sigue siendo indiscutible. Sus ideas revolucionarias y experimentos pioneros marcan un hito transformador en la evolución de la teoría y la práctica psicológicas. Su firme compromiso con la investigación rigurosamente empírica lo llevó a desafiar los métodos introspectivos imperantes y sentó las bases para el desarrollo del conductismo como una escuela de pensamiento diferenciada dentro de la psicología. Un aspecto central de su papel fundacional fue el abandono deliberado del enfoque tradicional en los procesos mentales internos y la adopción de un enfoque científico que priorizaba las conductas observables como objeto principal de investigación psicológica. Este cambio intelectual transformó irreversiblemente el panorama de la psicología y consolidó el conductismo como paradigma dominante para las generaciones futuras. En el centro del papel fundamental de Watson en la psicología conductual se encuentra la articulación de un marco sistemático para comprender el comportamiento humano a través de la lente de los estímulos ambientales y las respuestas aprendidas. Su énfasis en los fenómenos objetivos y mensurables tuvo una profunda repercusión en la comunidad científica, impulsando un cambio paradigmático hacia un enfoque más empírico y verificable para el estudio del comportamiento humano. Además, la influyente exposición de Watson sobre el conductismo sentó las bases teóricas para avances posteriores en campos como el condicionamiento operante y la teoría del aprendizaje social, ejerciendo una profunda y duradera influencia en la psicología en general. Más allá de las meras contribuciones teóricas, el papel fundamental de Watson también se manifestó en las aplicaciones prácticas de los principios conductistas a diversos ámbitos como la educación, la intervención clínica y la publicidad. Su énfasis en los determinantes ambientales del comportamiento impulsó un cambio de paradigma, empoderando a los psicólogos para intervenir directamente en la configuración y modificación del comportamiento humano mediante la manipulación de las contingencias ambientales. Como resultado, el legado de Watson trasciende los límites del discurso académico y permea el tejido de las prácticas sociales y las normas culturales.

Contribuciones importantes a la investigación psicológica

A través de su trabajo pionero, Watson sentó las bases de los principios fundacionales del conductismo, una escuela de pensamiento que influiría significativamente en la psicología durante décadas. Una de sus contribuciones más significativas fue el énfasis en la conducta observable como componente crucial del estudio psicológico, desviando el enfoque de los métodos introspectivos, entonces dominantes, asociados con el estructuralismo y el funcionalismo. Esta redirección de la atención hacia las acciones y reacciones manifiestas revolucionó el campo, impulsando un enfoque empírico para comprender el comportamiento humano. La dedicación de Watson a la metodología experimental, en particular en el ámbito del condicionamiento, fue fundamental para establecer el rigor científico y la objetividad que siguen sustentando la investigación psicológica contemporánea. Su influyente experimento «Little Albert», donde demostró cómo el miedo podía condicionarse en un niño pequeño, sigue siendo emblemático de su investigación pionera. Además, la articulación de Watson del concepto de respuestas emocionales aprendidas y los mecanismos por los que se adquieren sentó las bases para una comprensión más integral del comportamiento y la emoción humanos. Además, la defensa de Watson de la aplicación de los principios del conductismo en áreas prácticas como la educación y la publicidad inspiró a toda una generación de investigadores y profesionales a integrar los conocimientos psicológicos en contextos del mundo real. Al destacar la importancia de los factores ambientales en la formación del comportamiento y la personalidad, Watson también impulsó un cambio de paradigma en el estudio de la psicología del desarrollo, contribuyendo significativamente a una comprensión más profunda de las influencias que moldean a los individuos a lo largo de su vida. Su influencia repercute en las exploraciones neurocientíficas del aprendizaje, la memoria y la emoción, así como en los ámbitos de la psicología clínica y la psicología del asesoramiento, lo que subraya la relevancia de su trabajo.

Controversias y consideraciones éticas

Uno de los debates éticos más destacados en torno a la investigación de Watson se relaciona con su famoso experimento del Pequeño Albert. Este experimento consistió en condicionar a un niño pequeño para que temiera a una rata blanca, asociando su presencia con un ruido fuerte y discordante. Los críticos han argumentado que este estudio planteó importantes preocupaciones éticas respecto al tratamiento del niño y el impacto psicológico a largo plazo del condicionamiento. Además, existen dudas sobre la idoneidad del consentimiento y sobre si los padres del niño estaban plenamente informados sobre la naturaleza y las posibles consecuencias del estudio. Estas consideraciones éticas siguen provocando debate entre psicólogos, especialistas en ética e investigadores. Otra controversia asociada con el trabajo de Watson se relaciona con su transición del mundo académico al mundo de la publicidad. Su paso a la industria publicitaria marcó un alejamiento de los límites tradicionales de la investigación académica y planteó interrogantes sobre posibles conflictos de intereses y la mercantilización del conocimiento psicológico con fines comerciales. Los críticos expresaron su preocupación por la aplicación de los principios conductuales al marketing y las implicaciones éticas de manipular el comportamiento del consumidor. Asimismo, la imagen pública de Watson y su controvertida vida personal, incluyendo su romance y divorcio, muy publicitados, también suscitaron debates éticos en la comunidad académica. La interrelación entre la conducta personal y las contribuciones profesionales dio lugar a debates sobre las responsabilidades éticas de figuras influyentes en el campo de la psicología.

Transición de la academia a la publicidad

Tras un período polémico, marcado por controversias y consideraciones éticas, John B. Watson experimentó una transición significativa en su carrera, alejándose del ámbito académico para dedicarse a la publicidad. Este cambio fue un momento crucial en la vida de Watson, ya que no solo reorientó su trayectoria profesional, sino que también desató debates sobre las implicaciones éticas de la aplicación de los principios psicológicos en el ámbito del marketing y el comportamiento del consumidor.

Tras su salida del ámbito académico, Watson se adentró en el mundo de la publicidad, aplicando su experiencia en psicología conductual a las estrategias y tácticas empleadas por las empresas que buscan influir en las preferencias de los consumidores. Sus contribuciones pioneras en este ámbito transformaron radicalmente el panorama de la publicidad y la investigación del consumidor, allanando el camino para la adopción generalizada de prácticas de marketing con base psicológica.

La incursión de Watson en la publicidad se caracterizó por la aplicación de teorías del comportamiento para comprender y manipular el comportamiento del consumidor. Basándose en su profundo conocimiento de la psicología humana, Watson introdujo métodos innovadores para crear mensajes publicitarios persuasivos y diseñar campañas atractivas que conectaran con las motivaciones y deseos del público objetivo. Al aprovechar los principios del condicionamiento emocional y la modificación del comportamiento, Watson revolucionó la forma de comercializar productos y servicios, marcando el comienzo de una nueva era de publicidad estratégica que aprovechaba el poder de la psicología.

Sin embargo, esta transición no estuvo exenta de controversia. Los críticos plantearon inquietudes éticas sobre el uso de tácticas psicológicas para manipular el comportamiento del consumidor y cuestionaron las implicaciones morales de explotar los desencadenantes subconscientes de las personas para obtener beneficios comerciales. La participación de Watson en la publicidad generó intensos debates en la comunidad académica y el público en general, alimentando debates sobre los límites de las prácticas publicitarias éticas y la aplicación responsable del conocimiento psicológico en el ámbito comercial.

La transición de Watson del mundo académico a la publicidad impulsó la reflexión sobre el amplio impacto de la psicología en la sociedad, subrayando la profunda influencia de los principios psicológicos más allá del ámbito académico tradicional. Su papel en la configuración del panorama publicitario subrayó la interconexión entre la psicología, los negocios y la cultura del consumidor, impulsando el debate sobre las dimensiones éticas del aprovechamiento de los conocimientos psicológicos en la consecución de objetivos comerciales.

En definitiva, la transición de Watson del mundo académico a la publicidad dejó una huella imborrable en los campos de la psicología y el marketing, transformando para siempre la forma en que se entendía e influía en el comportamiento del consumidor. Su legado en el ámbito publicitario continúa suscitando una profunda reflexión sobre la aplicación responsable y ética del conocimiento psicológico en el dinámico panorama del comercio y el consumismo.

Impacto duradero en el conductismo

El énfasis de Watson en el comportamiento observable como elemento fundamental en el estudio de la psicología humana revolucionó la forma en que entendemos y abordamos el comportamiento humano y sentó las bases para el movimiento conductista.

Una de las contribuciones clave al conductismo fue el desarrollo de la teoría del condicionamiento clásico, que proporcionó un marco sistemático para comprender cómo los estímulos ambientales pueden generar respuestas condicionadas. Este concepto fundamental no solo facilitó la investigación empírica, sino que también inspiró a generaciones posteriores de psicólogos a profundizar en los mecanismos subyacentes al condicionamiento conductual.

La defensa de Watson de la aplicación rigurosa de métodos científicos en el estudio del comportamiento humano estableció un alto estándar para la investigación psicológica. Su insistencia en la medición objetiva y la experimentación contribuyó a consolidar el conductismo como una ciencia rigurosamente empírica, lo que le valió credibilidad y respeto dentro de la comunidad académica. Al enfatizar la importancia de los fenómenos observables y mensurables, el enfoque de Watson promovió una base empírica para la investigación psicológica que continúa moldeando la disciplina en la actualidad.

Además, el trabajo de Watson sentó las bases para una mayor aceptación del conductismo como una perspectiva teórica significativa en psicología. Al destacar la influencia de los factores ambientales en el comportamiento y el potencial de modificación del mismo mediante el condicionamiento, las enseñanzas de Watson despertaron un amplio interés y la exploración de estas ideas en diversos ámbitos, como la educación, la terapia e incluso la publicidad. Este impacto continúa resonando en diversos campos, lo que demuestra la relevancia de los principios conductistas.

El compromiso de Watson con el empirismo y su énfasis en los determinantes ambientales del comportamiento impulsaron avances en el análisis conductual aplicado y las terapias conductuales. Su legado se refleja en el desarrollo de intervenciones dirigidas a abordar conductas desadaptativas y promover cambios conductuales positivos, lo que subraya las implicaciones prácticas de su marco teórico.

PRINCIPIOS BÁSICOS DE LA PSICOLOGÍA WATSONIANA

Conductismo - Los supuestos fundamentales

1. Principios fundamentales:

El conductismo se fundamenta en varios principios fundamentales que conforman la base de este enfoque psicológico. En esencia, el conductismo enfatiza la importancia del comportamiento observable como foco principal de estudio, abogando por un análisis científico y objetivo de las acciones y reacciones humanas. Esta perspectiva rechaza la exploración de estados mentales internos o experiencias subjetivas, priorizando en cambio los estímulos externos que provocan respuestas específicas. Uno de los principios clave del conductismo es el concepto de condicionamiento, que destaca la influencia de los factores ambientales en la configuración del comportamiento. Esto implica el proceso de aprendizaje por asociación, mediante el cual los individuos adaptan sus respuestas en función de experiencias pasadas y del refuerzo o castigo recibido. Además, el conductismo subraya la importancia del determinismo ambiental, sugiriendo que el comportamiento está influenciado principalmente por factores externos más que por rasgos inherentes. Este principio se alinea con la creencia de que las acciones de los individuos son maleables y pueden modificarse mediante la manipulación intencional de su entorno. Otro principio esencial del conductismo es el énfasis en el empirismo y la experimentación, enfatizando la aplicación de métodos científicos rigurosos para estudiar el comportamiento y validar teorías. Mediante la observación sistemática y la experimentación controlada, los conductistas buscan identificar patrones y principios consistentes que subyacen al comportamiento humano, contribuyendo así al establecimiento de principios con respaldo empírico. Además, el conductismo abarca los principios de generalización y discriminación, según los cuales las conductas aprendidas pueden aplicarse a estímulos similares o diferenciarse de otras, lo que refleja la naturaleza adaptativa de las respuestas condicionadas.

El rechazo a la introspección y la confianza en la evidencia empírica distinguen aún más los principios fundamentales del conductismo, en consonancia con su compromiso con la objetividad y la replicabilidad en la investigación psicológica. En general, estos principios fundamentales del conductismo configuran su perspectiva distintiva sobre el comportamiento humano, destacando el estudio sistemático de las acciones observables, la influencia de los estímulos ambientales y el papel del aprendizaje y la adaptación en la formación del comportamiento.

2. Distinción con otros enfoques psicológicos:

El conductismo, como enfoque psicológico, se distingue significativamente de otras corrientes de pensamiento predominantes en este campo. La psicología tradicional, basada en la introspección y el estudio de los estados mentales internos, contrasta marcadamente con el enfoque conductista en la conducta observable. Mientras que el psicoanálisis profundiza en las motivaciones subconscientes y las estructuras de la personalidad, el conductismo enfatiza la influencia del entorno externo en la configuración de las acciones y reacciones humanas. Además, la psicología cognitiva, que surgió posteriormente, se centra en procesos mentales como la percepción, la atención y la memoria, mientras que el conductismo dirige la atención a las respuestas provocadas por estímulos externos y al proceso de aprendizaje mediante el refuerzo y el condicionamiento.

Una de las distinciones notables reside en el rechazo del conductismo al concepto de introspección y experiencias subjetivas. Mientras que las ramas anteriores de la psicología se basaban en gran medida en la autodeclaración y la interpretación individual de los pensamientos y emociones, el conductismo prioriza la observación empírica y las conductas medibles. Este cambio hacia datos objetivos y cuantificables distingue al conductismo de sus predecesores, marcando una clara ruptura con la naturaleza subjetiva de los enfoques psicológicos anteriores.

El énfasis del conductismo en los determinantes ambientales del comportamiento lo distingue del enfoque en las cualidades innatas y las disposiciones internas, tan prominente en otros paradigmas psicológicos. A diferencia de las teorías psicodinámicas que enfatizan los impulsos inherentes y las fuerzas inconscientes, el conductismo enfatiza el impacto de los estímulos externos y el refuerzo en la configuración del comportamiento. Este enfoque en el rol del entorno en la determinación de las respuestas conductuales establece al conductismo como un marco psicológico distintivo e influyente.

Otra diferenciación surge de las aplicaciones prácticas del conductismo y su relevancia en diversos campos, como la educación, la terapia y la gestión del comportamiento organizacional. Al enfatizar la importancia del aprendizaje y el condicionamiento en la formación del comportamiento, el conductismo ha contribuido al desarrollo de métodos de enseñanza eficaces, técnicas de modificación de conducta e intervenciones para abordar patrones de conducta desadaptativos. Esta utilidad práctica diferencia aún más al conductismo de otras perspectivas teóricas dentro de la psicología.

3. El papel del comportamiento observacional:

La conducta observacional es un principio fundamental que define la comprensión del aprendizaje y la adaptación. Este aspecto del conductismo enfatiza la importancia de que los individuos observen e imiten las acciones de otros, influyendo en sus propios patrones de comportamiento. A partir de la influyente obra del teórico conductista Albert Bandura, la conducta observacional se ha considerado un mecanismo crucial para la adquisición de nuevas habilidades, actitudes y comportamientos. La influyente "Teoría del Aprendizaje Social" de Bandura subraya la idea de que los individuos, en particular los niños, aprenden no solo mediante el refuerzo directo, sino también observando el comportamiento de los demás y las consecuencias asociadas a dicho comportamiento.

En el corazón del comportamiento observacional se encuentra el concepto de modelado, donde los individuos observan las acciones de otros, incluyendo compañeros, padres o figuras influyentes, y posteriormente las emulan. Mediante este proceso de modelado, los individuos internalizan los comportamientos observados, que pueden influir en su propia conducta. Además, el comportamiento observacional se extiende más allá de la simple imitación para abarcar procesos cognitivos complejos, como la atención, la retención, la reproducción y la motivación. Este enfoque multifacético enfatiza la participación cognitiva activa de los individuos durante el aprendizaje observacional, destacando la interacción entre los estímulos externos y los procesos mentales internos.

El comportamiento observacional trasciende los límites de las experiencias individuales, ya que abarca la transmisión cultural y la difusión de normas y valores sociales. En diversos entornos culturales, el comportamiento observacional sirve como mecanismo clave para transmitir costumbres, tradiciones y normas sociales de generación en generación. Al observar y replicar los comportamientos de modelos culturales, los individuos asimilan prácticas, rituales y creencias culturales, contribuyendo a la perpetuación y evolución de las normas sociales colectivas.

El impacto del comportamiento observacional es generalizado y se extiende a diversos ámbitos, como la educación, la influencia de los medios de comunicación y las interacciones interpersonales. En entornos educativos, la demostración de los comportamientos deseados por parte de profesores y compañeros puede influir significativamente en el aprendizaje y la socialización de los estudiantes. De igual manera, la representación mediática de modelos a seguir y figuras influyentes puede moldear el comportamiento público y las tendencias sociales. Además, dentro de la dinámica interpersonal, el aprendizaje observacional moldea el comportamiento social, las relaciones interpersonales y la dinámica de grupo, lo que ejemplifica las profundas implicaciones de este mecanismo conductual.

4. La exclusión de los estados mentales internos:

El conductismo se ha caracterizado desde hace tiempo por la exclusión deliberada de los estados mentales internos de su ámbito de estudio. Este aspecto fundamental refleja la creencia conductista de que solo las conductas observables pueden estudiarse y medirse con fiabilidad, mientras que los procesos mentales internos siguen siendo subjetivos y elusivos. La exclusión de los estados mentales internos supone una desviación de los métodos introspectivos defendidos por las escuelas de psicología anteriores y afirma la primacía del estudio de la conducta en respuesta a estímulos externos.

Un aspecto central de esta exclusión es el énfasis conductista en la importancia de los determinantes ambientales en la configuración de las acciones y reacciones de un individuo. Los conductistas argumentan que centrarse en los estados mentales internos conduce a la especulación y a interpretaciones inverificables, desviándose del rigor científico que sustenta su metodología. En cambio, los conductistas abogan por la observación y el análisis rigurosos de cómo el entorno de un individuo influye en sus respuestas conductuales, enfatizando la previsibilidad y el control del comportamiento mediante la manipulación de las variables ambientales.

Los críticos han cuestionado la exclusión del conductismo de los estados mentales internos, argumentando que ignora la rica complejidad de la cognición y la emoción humanas. Sostienen que los procesos cognitivos, como la memoria, el lenguaje y la resolución de problemas, desempeñan un papel crucial en la comprensión del comportamiento humano, y que desestimar su importancia limita la comprensión integral de la naturaleza humana. En respuesta, el conductismo contemporáneo ha evolucionado para integrar los principios cognitivos, manteniendo al mismo tiempo su enfoque en el comportamiento observable, dando lugar al enfoque cognitivo-conductual, que reconoce la interacción entre el comportamiento manifiesto y los procesos mentales subyacentes.

La exclusión conductista de los estados mentales internos tiene implicaciones en áreas que trascienden la psicología individual, incluyendo las dinámicas sociales, culturales y societarias. Al priorizar la conducta observable, el conductismo centra la atención en la influencia de los factores externos, destacando el impacto de las condiciones ambientales, el refuerzo social y las normas culturales en el comportamiento humano. Esta perspectiva subraya el potencial de intervención y cambio social mediante la manipulación de las contingencias ambientales, ofreciendo perspectivas sobre la modificación de la conducta y la ingeniería social.

5. Los mecanismos de aprendizaje y adaptación:

Los mecanismos de aprendizaje y adaptación son la base del conductismo, abarcando una compleja interacción de estímulos ambientales y respuestas conductuales. En esta exploración, el concepto de condicionamiento es central, un mecanismo fundamental mediante el cual los conductistas buscan explicar la adquisición y modificación de la conducta. El condicionamiento clásico, desarrollado por Iván Pávlov y desarrollado por John B. Watson, describe cómo se forman las asociaciones entre estímulos y respuestas mediante emparejamientos repetidos, lo que conduce a reacciones conductuales aprendidas. Por otro lado, el condicionamiento operante, explicado por B. F. Skinner, se centra en el papel de las consecuencias en la configuración de la conducta, presentando un marco integral para comprender cómo el refuerzo y el castigo influyen en la probabilidad de que determinadas conductas se produzcan en el futuro. Además, se expone el concepto de generalización, que ilustra cómo los individuos pueden extender las respuestas aprendidas a estímulos similares, ampliando así la aplicabilidad de las conductas adquiridas. Por otro lado, se explora el proceso complementario de discriminación, ilustrando cómo los individuos aprenden a diferenciar entre distintos estímulos y a modificar adecuadamente sus respuestas en consecuencia. La interrelación de estos principios crea un rico entramado de aprendizaje y adaptación, que configura el panorama conductual dentro de un marco conductista. Además, se consideran los fenómenos de la recuperación espontánea, donde resurgen respuestas previamente extinguidas, lo que arroja luz sobre las complejidades del mantenimiento del comportamiento.

6. Enfoque científico del análisis del comportamiento:

El análisis de la conducta, como enfoque científico, abarca el estudio sistemático del comportamiento observable y los factores ambientales que lo influyen. Este examen exhaustivo implica la medición precisa y la manipulación experimental del comportamiento para descubrir patrones y principios consistentes. Mediante la experimentación y la observación rigurosas, los analistas de conducta se esfuerzan por identificar los mecanismos subyacentes que controlan el comportamiento y determinar cómo estos se ven afectados por diversos estímulos y consecuencias. Un aspecto central del análisis de la conducta es la aplicación de metodologías de investigación objetivas y replicables, como los experimentos controlados y la observación directa, para investigar y comprender el comportamiento en diversos contextos y poblaciones.

Un elemento crucial del enfoque científico del análisis de la conducta es el énfasis en la evidencia empírica y el rechazo de interpretaciones especulativas o teorías sin fundamento. Al apegarse a esta base empírica, los analistas de conducta pueden mantener una postura objetiva que fomenta la credibilidad y la fiabilidad de sus hallazgos y conclusiones. Además, la recopilación y el análisis meticulosos de datos cuantitativos permiten establecer relaciones predictivas fiables entre antecedentes, conductas y consecuencias, sentando así las bases para intervenciones y aplicaciones fundamentadas.

Además, el enfoque científico del análisis de la conducta prioriza la definición operativa precisa de las conductas objetivo y la identificación de las variables ambientales relevantes que las moldean o mantienen. Este proceso implica descomponer conductas complejas en componentes específicos y mensurables, y analizar sistemáticamente las relaciones funcionales entre estímulos y respuestas. A través de esta perspectiva analítica, los analistas de conducta pueden desarrollar intervenciones integrales y programas de modificación de conducta que abordan directamente las causas subyacentes de ciertas conductas, lo que en última instancia conduce a resultados más efectivos y sostenibles.

El rigor científico inherente al análisis de la conducta permite el perfeccionamiento y la mejora continua de las intervenciones conductuales y las herramientas de evaluación mediante la investigación continua y la aplicación clínica. Al integrar nuevos conocimientos y hallazgos empíricos en la práctica, los analistas de conducta pueden mejorar la eficacia y la precisión de sus intervenciones, garantizando que su trabajo se mantenga alineado con los últimos avances en el campo.

En general, el enfoque científico del análisis del comportamiento sirve como piedra angular de las prácticas e intervenciones basadas en evidencia, proporcionando un marco sistemático para comprender, evaluar y modificar el comportamiento en una amplia gama de entornos y poblaciones.

7. Críticas de la comunidad psicológica:

La llegada del conductismo supuso una transformación significativa en el campo de la psicología, pero no fue inmune a las críticas dentro de la comunidad psicológica. Una crítica destacada gira en torno a la simplificación excesiva del comportamiento humano. El enfoque exclusivo del conductismo en los comportamientos observables condujo a una desconsideración de los complejos procesos cognitivos que sustentan las acciones humanas. Los críticos argumentan que, al descuidar los estados mentales internos, el conductismo no proporciona una comprensión integral de la experiencia humana, lo que limita su capacidad explicativa. Además, la visión determinista del conductismo, que define el comportamiento como estrictamente determinado por los estímulos ambientales, ha sido cuestionada, y los críticos afirman que ignora la influencia de la agencia individual y el libre albedrío. La naturaleza reduccionista del conductismo, que reduce todo comportamiento a respuestas aprendidas, también ha sido motivo de controversia. Los críticos argumentan que este enfoque no tiene en cuenta la rica diversidad de experiencias, emociones y motivaciones humanas que no pueden atribuirse únicamente al condicionamiento y al refuerzo. Asimismo, las implicaciones éticas del énfasis del conductismo en la modificación del comportamiento mediante el condicionamiento han suscitado inquietud en la comunidad psicológica. El uso de técnicas conductuales en diversas aplicaciones, como la publicidad y la persuasión, ha planteado dilemas éticos respecto a la autonomía individual y la manipulación. Además, algunos críticos argumentan que el rechazo del conductismo a la introspección y a las experiencias subjetivas menoscaba la comprensión holística del comportamiento humano. Al ignorar el panorama interno de pensamientos, emociones y percepciones, se percibe al conductismo como una representación incompleta de la psicología humana. El desprecio por las influencias evolutivas y biológicas en el comportamiento es otra faceta que ha suscitado críticas. Los críticos sostienen que el énfasis exclusivo del conductismo en los determinantes ambientales descuida el papel intrínseco de la genética, la historia evolutiva y la neurobiología en la configuración del comportamiento. Esta omisión potencialmente limita la amplitud de la comprensión psicológica.

8. Influencia en la psicología moderna:

A pesar de las críticas y controversias surgidas, el conductismo sigue desempeñando un papel vital en la investigación y la práctica psicológica contemporánea. Una de sus influencias más notables es su énfasis en la evidencia empírica y la metodología científica. El compromiso con los fenómenos observables y medibles ha permeado los enfoques psicológicos modernos, contribuyendo al estudio riguroso y sistemático del comportamiento humano.

El enfoque del conductismo en los determinantes ambientales de la conducta ha moldeado significativamente las intervenciones terapéuticas contemporáneas. Los principios del conductismo se han integrado en diversas formas de terapia conductual, como la terapia cognitivo-conductual (TCC), que sigue siendo uno de los enfoques más utilizados y eficaces en psicología clínica. Mediante la aplicación de los principios conductistas, los terapeutas pueden abordar conductas y cogniciones desadaptativas modificando los estímulos ambientales y reforzando patrones más adaptativos.

La concepción conductista del aprendizaje como un proceso de condicionamiento ha dejado una huella imborrable en la psicología educativa. La aplicación de los principios conductistas en el diseño de materiales didácticos y métodos de enseñanza ha influido significativamente en el campo de la educación, impulsando el desarrollo de estrategias basadas en la evidencia para mejorar los resultados del aprendizaje. Al comprender cómo se configuran las respuestas conductuales mediante el reforzamiento y la extinción, los educadores han podido perfeccionar las técnicas pedagógicas para optimizar la participación y la motivación del alumnado.

Además, el rechazo del conductismo a las explicaciones mentalistas y su insistencia en comportamientos objetivos y observables han impulsado avances en la psicología experimental, en particular en el ámbito de la investigación del comportamiento animal. El rigor empírico y las precisas técnicas de medición que defiende el conductismo han facilitado estudios pioneros en temas que abarcan desde el condicionamiento operante hasta los fundamentos neurobiológicos del comportamiento. Esto no solo ha profundizado nuestra comprensión de la cognición y el comportamiento animal, sino que también ha proporcionado valiosos conocimientos sobre el comportamiento humano, sirviendo de puente entre la psicología experimental y la neurociencia conductual.

En definitiva, la influencia del conductismo en la psicología moderna se manifiesta en su profundo impacto en diversos ámbitos, como la práctica clínica, la educación y la investigación. Si bien el campo de la psicología ha evolucionado e incorporado perspectivas de otros marcos teóricos, los principios y metodologías fundamentales que defiende el conductismo perduran como componentes integrales de la disciplina, lo que subraya su relevancia e importancia.

Estudio objetivo del comportamiento

1. Contexto histórico y el cambio desde la introspección:

A finales del siglo XIX y principios del XX, la psicología experimentó un cambio de paradigma al pasar de métodos de estudio introspectivos a un análisis objetivo del comportamiento. Esta transición fue impulsada por el deseo de establecer la psicología como una disciplina científica centrada en fenómenos observables y medibles. El rechazo de la introspección como método fiable para comprender los procesos mentales condujo a una reevaluación fundamental del campo, sentando las bases para el auge del conductismo y el análisis objetivo del comportamiento. Una de las fuerzas impulsoras de este cambio fue el escepticismo en torno a la naturaleza subjetiva de la introspección, que carecía de replicabilidad y a menudo generaba interpretaciones contradictorias entre los investigadores. Además, la aparición de nuevas técnicas experimentales y los avances tecnológicos allanaron el camino para un enfoque más empírico en el estudio del comportamiento humano. Las obras de psicólogos como Wilhelm Wundt, Edward Titchener y William James marcan el período crucial durante el cual el predominio de la introspección comenzó a decaer, dando paso al surgimiento de la objetividad como sello distintivo de la investigación psicológica. Este contexto histórico ilumina el clima intelectual que precipitó la transición del estudio subjetivo de la conciencia al examen objetivo del comportamiento, sentando las bases para los desarrollos transformadores que siguieron.

2. Enfoques metodológicos en la observación del comportamiento:

En el estudio del comportamiento, el empleo de enfoques metodológicos en la observación es vital para garantizar la validez y precisión de los hallazgos. Un enfoque destacado es la observación naturalista, en la que los investigadores observan a los sujetos en sus entornos naturales sin interferencias. Este método permite una representación auténtica del comportamiento, pero puede presentar dificultades en términos de control y estandarización. Por otro lado, la observación controlada implica la creación de entornos o escenarios específicos para obtener comportamientos específicos, lo que proporciona a los investigadores condiciones más controladas para la observación y el análisis.

Otro enfoque metodológico es la observación participante, en la que el investigador participa activamente en el entorno de estudio. Este enfoque permite una comprensión más profunda del contexto y los matices del comportamiento, pero puede introducir sesgos debido a la participación del investigador. Por otro lado, la observación no participante implica observar el comportamiento a distancia, minimizando así la posible influencia en las acciones de los sujetos.

La observación sistemática implica el registro estructurado del comportamiento mediante categorías predefinidas y esquemas de codificación, lo que permite el análisis cuantitativo de patrones de comportamiento. La grabación y el análisis de video se han convertido en parte integral de la observación del comportamiento, permitiendo un escrutinio preciso, así como la revisión y evaluación de comportamientos mediante observaciones repetidas y en cámara lenta.

Los avances tecnológicos han dado lugar a métodos innovadores de observación del comportamiento, como la tecnología de seguimiento ocular, que proporciona información sobre la atención visual y los comportamientos de la mirada. Además, medidas fisiológicas como la electroencefalografía y la resonancia magnética funcional permiten a los investigadores correlacionar el comportamiento con la actividad neuronal subyacente, lo que ofrece una comprensión más profunda de los mecanismos que lo rigen.

Las consideraciones éticas en la observación del comportamiento son fundamentales, lo que exige el establecimiento de protocolos para proteger los derechos y el bienestar de los participantes. El consentimiento informado, la confidencialidad y los procedimientos de información deben abordarse meticulosamente en el diseño y la ejecución de los estudios de observación del comportamiento para cumplir con los estándares éticos.

3. El papel de la experimentación en el estudio del comportamiento:

Mediante la manipulación sistemática de variables y la medición de las respuestas conductuales resultantes, los investigadores pueden desentrañar patrones complejos y relaciones causales, arrojando luz sobre los mecanismos subyacentes que rigen el comportamiento humano y animal. El proceso de experimentación permite controlar influencias externas, lo que permite a los investigadores aislar factores específicos que contribuyen a los comportamientos observados.

En los estudios del comportamiento, los experimentos proporcionan un medio para comprobar hipótesis y teorías, ofreciendo evidencia empírica para respaldar o refutar las explicaciones propuestas. Mediante protocolos experimentales cuidadosamente diseñados, los investigadores pueden investigar una amplia gama de fenómenos conductuales, desde reflejos simples hasta procesos cognitivos complejos. Este enfoque sistemático fomenta la acumulación de datos fiables, esencial para construir una comprensión integral del comportamiento.

Los diseños experimentales en la investigación del comportamiento suelen implicar la manipulación de variables independientes, como estímulos ambientales o condiciones de la tarea, y la posterior observación de los cambios resultantes en las variables dependientes, es decir, las respuestas conductuales. Estas manipulaciones controladas permiten a los investigadores establecer relaciones de causa y efecto, esclareciendo la interacción entre los factores ambientales y el comportamiento.

La experimentación en el estudio del comportamiento facilita la exploración de las diferencias individuales y las trayectorias de desarrollo. Al exponer a los participantes a diversas condiciones experimentales, los investigadores pueden discernir cómo responden diferentes individuos a los mismos estímulos, lo que pone de relieve la naturaleza matizada de la variabilidad conductual. Además, los diseños experimentales longitudinales permiten a los científicos rastrear los cambios conductuales a lo largo del tiempo, revelando la naturaleza dinámica del desarrollo conductual.

Los avances tecnológicos han mejorado significativamente la precisión y el alcance de la experimentación conductual. Herramientas de medición sofisticadas, como dispositivos de seguimiento ocular, electroencefalógrafos y escáneres de resonancia magnética funcional, proporcionan información sin precedentes sobre los correlatos neuronales del comportamiento y la cognición. Además, los avances en análisis de datos y modelado computacional permiten a los investigadores analizar conjuntos de datos conductuales complejos, revelando patrones y asociaciones intrincados.

4. Tecnología y herramientas para la medición:

Los avances tecnológicos han revolucionado el campo de la investigación del comportamiento al proporcionar a los investigadores herramientas sofisticadas de medición y análisis. Una de estas herramientas es el monitor de actigrafía, un dispositivo de pulsera que mide los ciclos de movimiento y descanso durante períodos prolongados. Esta tecnología permite a los investigadores recopilar datos objetivos sobre patrones de sueño, actividad física y ritmos circadianos, ofreciendo información valiosa sobre los patrones de comportamiento. Además, el uso de la resonancia magnética funcional ha permitido a los neurocientíficos correlacionar comportamientos específicos con la actividad cerebral, arrojando luz sobre los mecanismos neuronales subyacentes al comportamiento. El avance de los sistemas de seguimiento por vídeo también ha sido fundamental para capturar y cuantificar comportamientos complejos, facilitando análisis detallados que antes eran inalcanzables. Asimismo, el desarrollo de biosensores portátiles ha permitido la monitorización continua de parámetros fisiológicos como la variabilidad de la frecuencia cardíaca, la conductancia cutánea y la temperatura corporal, proporcionando datos en tiempo real sobre las respuestas emocionales y al estrés. Asimismo, la tecnología de seguimiento ocular ha mejorado nuestra comprensión de la atención visual y los patrones de la mirada, ofreciendo información valiosa sobre los procesos cognitivos y la toma de decisiones. Además, la aplicación de simulaciones de realidad virtual ha permitido a los investigadores crear entornos controlados para estudiar el comportamiento en diversos contextos, ofreciendo una perspectiva única sobre las interacciones y respuestas humanas. Asimismo, los avances en algoritmos de aprendizaje automático han facilitado el análisis automatizado de datos de comportamiento a gran escala, lo que permite detectar patrones y tendencias sutiles que antes podrían haber pasado desapercibidos. Estas tecnologías no solo han ampliado el alcance de la investigación del comportamiento, sino que también han mejorado la fiabilidad y la validez de las mediciones, lo que permite realizar investigaciones más precisas y exhaustivas sobre el comportamiento humano.

5. Confiabilidad y validez en la investigación del comportamiento:

La fiabilidad y la validez son aspectos cruciales para garantizar la credibilidad y la solidez de la investigación conductual. La fiabilidad se refiere a la consistencia y estabilidad de la medición a lo largo del tiempo, mientras que la validez se refiere a la precisión y la significatividad de las inferencias extraídas de las mediciones. En el contexto de la investigación conductual, establecer tanto la fiabilidad como la validez es esencial para garantizar que los hallazgos y las conclusiones sean fiables y aplicables.

En lo que respecta a la fiabilidad en la investigación del comportamiento, los investigadores se esfuerzan por lograr la consistencia en sus mediciones. Esto implica garantizar que se obtengan los mismos resultados si el estudio se repitiera en condiciones similares. Se pueden emplear varios métodos para evaluar la fiabilidad, como la fiabilidad test-retest, la fiabilidad interevaluador y la consistencia interna. Por ejemplo, en los estudios observacionales, la fiabilidad interevaluador es especialmente crucial, ya que mide el grado de acuerdo entre diferentes observadores que evalúan el mismo comportamiento, garantizando así que las observaciones sean consistentes y no estén influenciadas por sesgos individuales.

Por otro lado, la validez se refiere al grado en que una medida o instrumento en particular captura con precisión el constructo o concepto que pretende evaluar. En la investigación del comportamiento, se deben considerar varios tipos de validez, incluyendo la validez de contenido, la validez de criterio y la validez de constructo. La validez de contenido garantiza que la medición cubra exhaustivamente todos los aspectos del constructo previsto, mientras que la validez de criterio evalúa la eficacia de la medida para predecir o correlacionarse con otros criterios establecidos. Por otro lado, la validez de constructo evalúa el grado en que la medida evalúa el constructo teórico que pretende medir.

Pueden surgir desafíos para lograr la confiabilidad y la validez en la investigación del comportamiento, en particular debido a la complejidad y variabilidad del comportamiento humano. Factores como la conformidad de los participantes, las influencias ambientales y los factores situacionales pueden afectar la confiabilidad y la validez de las mediciones. Además, la selección y el diseño de las herramientas y metodologías de medición pueden influir en el grado en que se establecen la confiabilidad y la validez. Por lo tanto, los investigadores deben considerar rigurosamente estos desafíos y emplear estrategias adecuadas para mejorar la confiabilidad y la validez de sus estudios. El uso de múltiples medidas, la incorporación de retroalimentación y pruebas piloto, y el empleo de protocolos estandarizados son algunos enfoques utilizados para abordar estos desafíos.

6. Desafíos en el estudio objetivo del comportamiento:

El estudio objetivo del comportamiento, si bien proporciona información valiosa sobre el comportamiento humano y animal, no está exento de desafíos. Uno de los principales obstáculos en este campo es la posibilidad de sesgo del observador. A pesar de los esfuerzos por mantener la objetividad, los investigadores pueden introducir inadvertidamente sus propios sesgos al interpretar los datos conductuales. Esto puede generar discrepancias en los hallazgos y obstaculizar la fiabilidad y validez de la investigación. Además, la naturaleza compleja del comportamiento plantea un desafío en sí misma. El comportamiento humano, en particular, se ve influenciado por una multitud de factores, como variables sociales, culturales y ambientales, lo que dificulta aislar causas y efectos específicos. Asimismo, surgen consideraciones éticas al realizar estudios objetivos del comportamiento, especialmente cuando los experimentos implican la manipulación u observación de sujetos en entornos controlados. Garantizar que las prácticas de investigación se ajusten a las directrices éticas, manteniendo al mismo tiempo el rigor científico, añade un nivel adicional de complejidad. Otro desafío reside en la interpretación del comportamiento no verbal. Si bien la comunicación verbal puede analizarse a través del lenguaje y el contenido, las señales no verbales, como el lenguaje corporal y las expresiones faciales, requieren una interpretación y comprensión cuidadosas. La interpretación errónea de estas señales puede llevar a conclusiones erróneas sobre las motivaciones o el estado emocional de un individuo. Además, la necesidad de colaboración interdisciplinaria plantea un desafío en el estudio objetivo del comportamiento. Dada la naturaleza multifacética del comportamiento, la integración de conocimientos de la psicología, la sociología, la neurociencia y otras disciplinas es esencial para una comprensión integral. Sin embargo, la coordinación entre disciplinas con diferentes metodologías y terminologías exige un esfuerzo concertado y una comunicación eficaz. Por último, los avances tecnológicos, si bien beneficiosos, también presentan desafíos en el estudio objetivo del comportamiento. Los rápidos avances tecnológicos requieren una adaptación y un aprendizaje continuos para utilizar las nuevas herramientas con eficacia, garantizando al mismo tiempo que estas innovaciones no eclipsen los principios fundamentales del análisis objetivo del comportamiento. Superar estos desafíos requiere vigilancia constante, diálogo abierto y un compromiso con el perfeccionamiento de las metodologías en la búsqueda de conocimientos precisos y significativos sobre el comportamiento humano y animal.

7. La integración de la objetividad en la psicología moderna:

Adoptar la objetividad permite la adopción de la observación y la experimentación sistemáticas, evitando sesgos subjetivos que puedan empañar las interpretaciones del comportamiento humano. Al mirar hacia el futuro de la psicología, es imperativo reconocer la importancia fundamental de integrar métodos objetivos en este campo. Esto implica la incorporación de técnicas de medición rigurosas, el uso de herramientas tecnológicas avanzadas y la adhesión a los principios establecidos de fiabilidad y validez. De este modo, los investigadores pueden esforzarse por garantizar la credibilidad y la solidez de sus hallazgos. Además, el impulso hacia la integración de la objetividad fomenta un mayor grado de transparencia y replicabilidad, aspectos esenciales para el avance del conocimiento científico. También sirve como medio para conectar los modelos teóricos con las aplicaciones prácticas, facilitando una comprensión más completa del comportamiento humano.

El discurso sobre la integración de la objetividad no debe socavar la riqueza de la investigación cualitativa en psicología. A medida que buscamos converger hacia la objetividad, debemos reconocer los matices y complejidades que las experiencias subjetivas aportan a la comprensión del comportamiento humano. La sinergia entre objetividad y subjetividad puede generar una comprensión más holística de los fenómenos psicológicos, permitiendo a los investigadores comprender las complejidades inherentes a la mente humana. Por lo tanto, la integración de la objetividad en la psicología moderna no debe operar aisladamente, sino coexistir armoniosamente con los enfoques cualitativos, abrazando así la naturaleza multidimensional de la conciencia humana.

Además, los crecientes desafíos que enfrenta la psicología moderna, como la expansión de las plataformas digitales y la interconectividad global, subrayan la necesidad de metodologías sólidas y objetivas. La era del big data y la inteligencia artificial exige un mayor énfasis en el análisis y la interpretación objetivos, ya que los paradigmas tradicionales pueden tener dificultades para abarcar la amplia gama de comportamientos e interacciones humanas que permean los entornos digitales. Al integrar la objetividad, los psicólogos pueden aspirar a ofrecer valiosas perspectivas sobre las relaciones entre los individuos y el cambiante entorno tecnológico.

Al reflexionar sobre el camino hacia la integración de la objetividad en la psicología moderna, es evidente que esta transición representa un punto de inflexión en la evolución de la investigación y la práctica psicológicas. La búsqueda de una objetividad basada en la evidencia sustenta el compromiso de ampliar las fronteras de la comprensión humana, contribuyendo a una representación más matizada y completa de la psique humana. Requiere la dedicación colectiva de investigadores, profesionales y académicos para trascender las fronteras tradicionales y abrazar el potencial transformador de las metodologías objetivas. Al acoger esta transformación, la psicología se prepara para revolucionar sus enfoques y realizar contribuciones duraderas al bienestar y el progreso de la humanidad.

La relación estímulo-respuesta

1. Conceptos fundamentales:

En el campo de la psicología conductual, el modelo Estímulo-Respuesta (E-R) se fundamenta en conceptos fundamentales que configuran nuestra comprensión del comportamiento humano. En esencia, la psicología E-R profundiza en la relación entre los estímulos externos y la respuesta individual, enfatizando la naturaleza reactiva de los seres humanos a las señales ambientales. En este marco, es central el concepto de condicionamiento, en el que se forman asociaciones entre estímulos específicos y respuestas subsiguientes. Este proceso de condicionamiento clásico, desarrollado por Iván Pávlov a través de sus reconocidos experimentos con perros, demostró cómo un estímulo neutro podía generar una respuesta mediante la asociación repetida con un estímulo natural. Asimismo, el concepto de condicionamiento operante, introducido por B. F. Skinner, explora cómo las conductas se ven moldeadas por sus consecuencias, ya sea mediante el refuerzo o el castigo. Estos principios fundamentales nos permiten comprender y predecir el comportamiento humano en diversos contextos. Asimismo, el modelo E-R destaca la importancia de los estímulos antecedentes en el desencadenamiento de respuestas conductuales, subrayando el papel de las influencias ambientales en la configuración de las acciones individuales. Al revelar la interacción entre estímulos y respuestas, este marco magnifica el papel crucial de los factores ambientales en la formación de patrones de comportamiento. También subraya la perspectiva determinista del modelo E-R, que postula que el comportamiento se rige predominantemente por fuerzas externas más que por estados mentales internos. Este enfoque sienta las bases para un análisis matizado de la conducta humana, delineando el impacto de las contingencias ambientales en la formación de los repertorios conductuales. Al elucidar estos principios fundamentales, el modelo E-R no solo ofrece una comprensión integral de los fenómenos conductuales, sino que también sienta las bases para aplicaciones prácticas en diversos ámbitos como la educación, la terapia y la gestión organizacional. Comprender cómo los estímulos ambientales influyen en las respuestas conductuales proporciona a los profesionales información valiosa para fomentar comportamientos adaptativos y mejorar patrones desadaptativos.

2. Contexto histórico y evolución:

A principios del siglo XX, el conductismo emergió como una escuela de pensamiento prominente en psicología, enfatizando el estudio objetivo de las conductas observables y los estímulos ambientales que provocan respuestas específicas. Este alejamiento de los métodos introspectivos marcó un cambio significativo en la investigación psicológica, impulsando una revolución en la comprensión del aprendizaje y la adaptación humanos. La evolución de la psicología del E-R también refleja la influencia de las metodologías experimentales, incluyendo los paradigmas del condicionamiento clásico y operante, que brindaron respaldo empírico a los principios que rigen las asociaciones estímulo-respuesta. Además, el contexto histórico abarca la asimilación de los conceptos del E-R en diversos ámbitos, como la investigación con animales, la pedagogía educativa y las intervenciones terapéuticas. La utilización de los principios del E-R en la configuración de intervenciones conductuales, estrategias educativas y modalidades terapéuticas subraya el impacto de los desarrollos históricos en las prácticas contemporáneas. A medida que el campo continuó evolucionando, la aplicación de los principios del E-R se expandió más allá del comportamiento individual para abarcar fenómenos sociales, dinámicas organizacionales e influencias culturales. Esta ampliación del alcance impulsó aún más la evolución histórica de la psicología del E-R, extendiendo su relevancia a aspectos multifacéticos de la experiencia e interacción humanas. Además, el contexto histórico arroja luz sobre el impacto transformador de las colaboraciones interdisciplinarias, ya que la integración de los principios del E-R con los avances en la investigación neurocientífica y el modelado computacional ha facilitado una comprensión más matizada de los complejos mecanismos subyacentes al comportamiento.

3. Figuras clave:

El desarrollo de la teoría de estímulo-respuesta (E-R) está entrelazado con el trabajo pionero de varios psicólogos clave que moldearon nuestra comprensión de las respuestas conductuales a estímulos externos. Una de estas figuras destacadas es Edward Thorndike, cuya investigación pionera sobre el aprendizaje animal sentó las bases de la teoría del E-R. A través de su trabajo fundamental con cajas de rompecabezas y la formulación de la Ley del Efecto, Thorndike demostró cómo las consecuencias que producen influyen en los comportamientos.

Iván Pávlov, otra figura fundamental, revolucionó la comprensión de las relaciones del reflejo condicionado mediante su investigación sobre el condicionamiento clásico. Sus experimentos con el reflejo salival en perros no solo aportaron evidencia empírica de la asociación entre estímulos y respuestas, sino que también aportaron valiosas perspectivas sobre el proceso de aprendizaje asociativo. El trabajo de Pávlov ha tenido un impacto duradero en nuestra comprensión de los reflejos condicionados y su papel en la configuración del comportamiento.

B. F. Skinner, padre del conductismo radical, enriqueció aún más el panorama de la teoría de la retroalimentación negativa. Al introducir el concepto de programas de reforzamiento y cámaras operantes, Skinner dilucidó los principios que rigen las respuestas voluntarias a los estímulos ambientales. Sus experimentos con palomas y ratas ejemplificaron la influencia de las consecuencias en la modificación del comportamiento, contribuyendo a la comprensión integral de la dinámica de la retroalimentación negativa.

Mary Cover Jones, a menudo venerada como la "madre de la terapia conductual", realizó contribuciones notables a la aplicación práctica de los principios del E-R en entornos terapéuticos. Su trabajo pionero en técnicas de desensibilización para el manejo de fobias demostró el potencial transformador de aplicar la teoría del E-R a intervenciones conductuales en el mundo real. Los enfoques innovadores de Jones sentaron las bases para los avances posteriores en la terapia conductual, subrayando la relevancia de la teoría del E-R en la práctica clínica.

Además de estas figuras clave, la colaboración de numerosos investigadores y académicos ha impulsado colectivamente el marco del E-R. Las contribuciones colectivas de estas figuras clave no solo han dado forma a los fundamentos teóricos de la teoría del E-R, sino que también han catalizado su aplicación a diversos ámbitos, que abarcan la educación, la psicología clínica y las intervenciones conductuales. La influencia de estas personas pioneras subraya la importancia interdisciplinaria de la teoría del E-R, posicionándola como una piedra angular en el estudio del comportamiento humano y animal.

4. Aplicaciones prácticas y ejemplos:

En el ámbito de las aplicaciones prácticas, el mecanismo de estímulo-respuesta tiene una relevancia significativa en diversos campos. Desde la educación hasta el marketing, y desde la atención médica hasta la justicia penal, la comprensión de la teoría del E-R ha tenido profundas implicaciones en la configuración del comportamiento humano y los procesos de toma de decisiones. Una aplicación destacada se observa en el ámbito educativo, donde los educadores han utilizado los principios del E-R para diseñar entornos de aprendizaje y estrategias de enseñanza eficaces. Por ejemplo, el concepto de refuerzo positivo, un componente integral de la teoría del E-R, se ha empleado ampliamente para fomentar el comportamiento deseado en los estudiantes, mejorando así la experiencia de aprendizaje general. De igual manera, en el campo del marketing, el paradigma del E-R ha sido fundamental para el diseño de técnicas de publicidad persuasiva y el análisis del comportamiento del consumidor. Al comprender cómo los estímulos evocan ciertas respuestas en los individuos, los profesionales del marketing pueden adaptar sus campañas para generar las reacciones y actitudes deseadas hacia los productos o servicios. Además, en el sector sanitario, la teoría del E-R se ha utilizado para abordar problemas de comportamiento y facilitar cambios positivos en los hábitos de los pacientes. Los profesionales de la salud suelen utilizar métodos de condicionamiento para promover estilos de vida más saludables o para controlar diversos trastornos psicológicos. En el contexto de la justicia penal, la aplicación de la teoría del E-R se extiende a la rehabilitación y reintegración social de los delincuentes. Mediante técnicas de modificación de conducta basadas en los principios del E-R, las autoridades buscan reducir las tasas de reincidencia y fomentar patrones de comportamiento constructivos entre los exconvictos. Estas aplicaciones prácticas no solo ejemplifican la utilidad práctica de la teoría del E-R, sino que también subrayan su profundo impacto en diversas facetas de la interacción humana y el desarrollo social. Por ejemplo, considérese la aplicación de la teoría del E-R en el tratamiento de fobias y trastornos de ansiedad mediante la terapia de exposición, utilizando eficazmente los principios de extinción y desensibilización sistemática. De igual manera, al promover conductas prosociales y la armonía comunitaria, la aplicación del condicionamiento operante refuerza las acciones altruistas y fomenta el sentido de responsabilidad cívica. Además, la psicología deportiva ha adoptado la teoría del E-R para mejorar el rendimiento atlético, empleando técnicas de refuerzo y motivación para optimizar los regímenes de entrenamiento y el condicionamiento mental.

5. Comparación con los enfoques cognitivos:

Para comprender el papel del modelo estímulo-respuesta en la psicología conductual, es fundamental realizar un análisis comparativo con los enfoques cognitivos. La psicología cognitiva enfatiza los procesos mentales internos implicados en la conducta, a diferencia del enfoque externo de la teoría de estímulo-respuesta. Una distinción fundamental reside en sus respectivas definiciones de conducta: mientras que la teoría de estímulo-respuesta se centra en las acciones observables provocadas por estímulos externos, la psicología cognitiva profundiza en los procesos de pensamiento y las representaciones mentales que sustentan la conducta. Este cambio de perspectiva ha tenido importantes implicaciones para nuestra comprensión del comportamiento humano y el desarrollo de intervenciones terapéuticas.

Cabe destacar especialmente el análisis del aprendizaje y la memoria en ambos marcos. Mientras que el modelo E-R se centra principalmente en el aprendizaje asociativo y la modificación del comportamiento mediante el refuerzo y el castigo, la psicología cognitiva ha arrojado luz sobre las complejidades de los mecanismos de procesamiento, codificación, almacenamiento y recuperación de la información. La interacción entre estos procesos cognitivos y las respuestas conductuales ha ampliado nuestra comprensión de cómo las personas adquieren, retienen y utilizan el conocimiento.

El contraste entre la teoría del E-R y los enfoques cognitivos se extiende a su tratamiento de la motivación y la emoción. Mientras que la primera suele considerar la motivación como una fuerza externa que impulsa la conducta, la segunda enfatiza la motivación intrínseca derivada de las evaluaciones cognitivas y los procesos de establecimiento de metas. De igual manera, la psicología cognitiva ofrece perspectivas matizadas sobre la regulación y la evaluación emocional, dilucidando las interconexiones entre la cognición y las experiencias afectivas.

Otro punto crucial de comparación reside en sus respectivas aplicaciones en contextos del mundo real. Si bien la teoría de la Reacción Reproductiva ha contribuido significativamente a la comprensión de ciertas formas de aprendizaje, en particular en el ámbito del condicionamiento y la modificación del comportamiento, los enfoques cognitivos han demostrado ser fundamentales en campos como la educación, la psicología clínica y la interacción persona-computadora. La incorporación de principios cognitivos ha enriquecido las estrategias educativas, las intervenciones terapéuticas y el diseño de interfaces tecnológicas intuitivas.

6. Críticas y limitaciones del modelo estímulo-respuesta:

El modelo E-R, si bien es fundamental en la psicología conductual, ha enfrentado numerosas críticas y limitaciones. Una crítica notable gira en torno a su visión simplista del comportamiento humano. Los críticos argumentan que reducir los comportamientos complejos a simples asociaciones E-R pasa por alto las complejidades de los procesos cognitivos, los estados emocionales y las diferencias individuales. Esta perspectiva reduccionista socava la riqueza de la experiencia humana e ignora la influencia de las representaciones mentales internas, las creencias y las intenciones en el comportamiento.

Además, el modelo E-R ha sido cuestionado por su falta de capacidad explicativa en ciertos contextos. Algunos académicos señalan casos en los que los comportamientos observados se desvían de las respuestas previstas según los estímulos ambientales, lo que sugiere la necesidad de un marco más integral para explicar estas discrepancias. Además, la naturaleza rígida del modelo E-R no se adapta al dinamismo del comportamiento humano, influenciado por las interacciones continuas entre los individuos y su entorno.

Otra limitación importante reside en la incapacidad del modelo E-R para abordar plenamente las complejidades del aprendizaje asociativo. Si bien explica eficazmente fenómenos básicos del condicionamiento, como el condicionamiento clásico y operante, sus críticos argumentan que no logra dilucidar funciones cognitivas de orden superior, como el razonamiento, la resolución de problemas y la adquisición del lenguaje. El énfasis en las conductas observables en detrimento de los procesos cognitivos internos limita la aplicabilidad del modelo a una gama más amplia de comportamientos humanos.

Los críticos también plantean inquietudes sobre la perspectiva determinista del modelo E-R, que implica que el comportamiento está completamente determinado por estímulos externos, ignorando la agencia y la autonomía individual. Esta perspectiva determinista no reconoce el papel de la elección personal, la autorregulación y el control volitivo en la configuración del comportamiento. Además, el enfoque limitado del modelo en los comportamientos manifiestos ignora las experiencias internas y las interpretaciones subjetivas que a menudo impulsan la acción humana.

A pesar de estas críticas y limitaciones, es importante reconocer la importancia histórica y las contribuciones fundamentales del modelo E-R al campo de la psicología conductual. Si bien reconocen sus limitaciones, los académicos contemporáneos continúan trabajando con el modelo, buscando integrarlo con los conocimientos modernos de la psicología cognitiva, la neurociencia y otras disciplinas para desarrollar una comprensión más integral del comportamiento humano.

7. Integración con la ciencia del comportamiento contemporáneo:

A medida que el conductismo continúa evolucionando, los investigadores exploran cómo los principios fundamentales de la teoría de la retroalimentación social se alinean o divergen de los hallazgos de la psicología cognitiva, la neurobiología y otros campos interdisciplinarios. La conexión entre estas disciplinas dispares es vital para comprender el comportamiento humano complejo y formular intervenciones terapéuticas eficaces.

Un área importante de integración reside en el ámbito de las investigaciones neurocientíficas. Con el avance de tecnologías como la resonancia magnética funcional y la electroencefalografía, los investigadores han obtenido conocimientos sin precedentes sobre las bases neuronales de las respuestas conductuales. Al dilucidar los correlatos neuronales de los estímulos condicionados y las reacciones conductuales subsiguientes, los científicos están mejor preparados para validar y perfeccionar el modelo de respuesta a estímulos condicionados en el contexto del funcionamiento y la conectividad neuronales. Además, esta integración ha allanado el camino para nuevas estrategias terapéuticas, como el entrenamiento de neurofeedback y las técnicas de neuromodulación dirigida, que aprovechan los principios fundamentales del modelo de respuesta a estímulos, a la vez que aprovechan el conocimiento neurocientífico para abordar las conductas desadaptativas y la desregulación emocional.

La ciencia del comportamiento contemporánea ha presenciado una proliferación de investigaciones que exploran el papel de la cognición en la formación y moderación de las asociaciones estímulo-respuesta. Si bien tradicionalmente se basaba en las manifestaciones observables del comportamiento, las versiones contemporáneas de la ciencia del comportamiento han profundizado cada vez más en la interacción entre los procesos cognitivos y las respuestas conductuales aprendidas. Esta perspectiva ampliada, a menudo denominada integración cognitivo-conductual, reconoce la relación simbiótica entre los procesos perceptivos, cognitivos y afectivos que influyen en la respuesta de un individuo a los estímulos ambientales. Al integrar constructos cognitivos como la atención, la memoria y la toma de decisiones en el marco tradicional del E-R, los investigadores se esfuerzan por construir un modelo más integral del comportamiento que integre la interdependencia matizada de los fenómenos cognitivos y conductuales.

La integración del modelo de E-R con la ciencia del comportamiento contemporánea se extiende a su aplicación en el abordaje de afecciones clínicas y el fomento del bienestar psicológico. Las terapias cognitivo-conductuales (TCC), que se basan en gran medida en principios cognitivos y conductuales, ejemplifican la integración de la teoría del E-R con las modalidades terapéuticas contemporáneas. Al combinar principios probados de RS con técnicas de reestructuración cognitiva e intervenciones basadas en la atención plena, la TCC se ha consolidado como una piedra angular de los enfoques psicoterapéuticos basados en la evidencia en diversas presentaciones clínicas, que abarcan desde trastornos de ansiedad y trastornos del estado de ánimo hasta adicciones y trastornos de la personalidad. El continuo perfeccionamiento y la validación empírica de estos marcos integrativos subrayan la relevancia y adaptabilidad del modelo de E-R en el panorama actual de la ciencia del comportamiento y la psicología clínica.

Condicionamiento - La influencia de Pávlov y la adaptación de Watson

1. La obra pionera de Pávlov:

Iván Petróvich Pávlov, fisiólogo ruso nacido en Riazán en 1849, realizó contribuciones cruciales al campo de la psicología con su trabajo sobre el condicionamiento clásico. Sus experimentos con los procesos digestivos de los perros lo llevaron al descubrimiento de lo que denominó «reflejos psíquicos», ahora conocido como condicionamiento clásico. Mediante una meticulosa experimentación, Pávlov demostró que un estímulo incondicionado, como la comida, podía evocar una respuesta incondicionada, como la salivación, en los perros.

La investigación de Pávlov consistía en la presentación de estímulos neutros, como una campana, junto con el estímulo incondicionado. Con el tiempo, los perros comenzaron a asociar el estímulo neutro con la llegada de la comida, lo que condujo al desarrollo de una respuesta condicionada: la salivación provocada únicamente por la campana. Este concepto fundamental del aprendizaje por asociación sentó las bases de la teoría del condicionamiento clásico.

La meticulosa atención de Pávlov al detalle y su incansable búsqueda del rigor científico establecieron un estándar para la psicología experimental. Su enfoque innovador reveló la naturaleza adaptativa del comportamiento y la cognición, impulsando un cambio de paradigma en el pensamiento psicológico. Además, sus hallazgos proporcionaron un marco para comprender cómo las señales ambientales pueden influir en el comportamiento y las respuestas emocionales tanto en humanos como en animales.

El impacto de la obra de Pávlov trascendió el ámbito de la psicología, influyendo en diversos campos como la educación, la publicidad y la terapia. Los principios del condicionamiento clásico descubiertos por Pávlov siguen aplicándose en diversos entornos, sirviendo de base para técnicas de modificación de conducta e intervenciones terapéuticas.

La obra pionera de Pávlov no solo revolucionó el estudio de la psicología, sino que también enfatizó la interconexión de los procesos fisiológicos y psicológicos. Su legado perdura como testimonio del poder de la investigación empírica y la influencia de los descubrimientos fundamentales en la evolución del conocimiento científico.

2. Experimentos y descubrimientos clave:

Como se mencionó anteriormente, uno de los experimentos más notables que fortaleció las bases del condicionamiento clásico fue realizado por Watson y Rayner en 1920, conocido como el experimento del Pequeño Albert. Este estudio consistió en condicionar a un niño pequeño, conocido como el Pequeño Albert, a temer un estímulo previamente neutral, una rata blanca, emparejándolo con un ruido fuerte y alarmante. La demostración de la transferencia del miedo a otros objetos similares significó la generalización de las respuestas condicionadas, un aspecto fundamental en el desarrollo de las teorías conductistas. Además, el trabajo de E. L. Thorndike sobre la ley del efecto, que dilucida el concepto de condicionamiento instrumental y conducta operante, añadió una nueva dimensión a la comprensión de los procesos de aprendizaje. Sus experimentos con cajas de rompecabezas con gatos establecieron el marco del condicionamiento operante, enfatizando el papel de las consecuencias en la configuración de las conductas voluntarias. Asimismo, los estudios sobre la aversión al sabor realizados por John García y Robert

Koelling en la década de 1960 introdujeron el concepto de preparación biológica, demostrando que los organismos están evolutivamente predispuestos a asociar ciertos estímulos con resultados negativos. Este hallazgo desafió la visión tradicional de que todos los estímulos son igualmente asociables y contribuyó al perfeccionamiento de los paradigmas del condicionamiento. Las perspectivas colectivas obtenidas de estos experimentos seminales no solo ampliaron los fundamentos teóricos del conductismo, sino que también allanaron el camino para una mayor exploración de las complejidades del aprendizaje humano y animal. Estas contribuciones siguen siendo esenciales en la psicología contemporánea, sirviendo como referencia para la investigación y las aplicaciones en curso en campos como la educación, la terapia y la modificación de la conducta.

3. Transición de Pávlov a Watson:

La transición de la obra pionera de Pávlov al paradigma de John B. Watson marcó el comienzo de un cambio teórico significativo en el campo de la psicología conductual. Basándose en los experimentos de Pávlov, centrados en los principios del condicionamiento clásico que implican respuestas involuntarias a estímulos, Watson introdujo un cambio radical desde los modelos introspectivos y subjetivos de comprensión del comportamiento hacia un enfoque objetivo, observable y cuantificable. Este cambio se basó en la ambición de Watson de aportar rigor científico y evidencia empírica al estudio del comportamiento humano. Al priorizar los factores externos que configuran el comportamiento por encima de los procesos mentales internos, el paradigma conductual de Watson sentó las bases del conductismo moderno.

Un aspecto central de esta transición fue el rechazo de los eventos mentales no observables como unidades válidas de análisis en psicología, una postura que contrastaba marcadamente con la atención de Pávlov al papel de la mente en el condicionamiento. La perspectiva conductista radical de Watson, articulada en su artículo de 1913 «La psicología desde la perspectiva conductista», rechazaba explícitamente el estudio de la conciencia y las experiencias internas, afirmando que la conducta debía estudiarse en términos de acciones observables y estímulos ambientales. Este cambio teórico desafió los paradigmas psicológicos tradicionales y marcó un punto de inflexión en la evolución de la ciencia psicológica.

En su afán por establecer el conductismo como una disciplina científica rigurosa, Watson abogó por centrarse en la conducta manifiesta, que pudiera medirse y predecirse con precisión. Su enfoque enfatizó la importancia de las influencias ambientales, en particular el impacto del condicionamiento y el aprendizaje en la configuración de las conductas individuales. Además, el énfasis de Watson en el papel de la crianza sobre la naturaleza representó un cambio con respecto a los modelos previos que priorizaban los factores biológicos inherentes en la determinación del comportamiento. Este cambio redefinió la esencia misma de la psicología, dando lugar a un enfoque pragmático y experimental que subrayó la importancia de los determinantes ambientales en la configuración de la conducta humana.

El paradigma de Watson no solo sentó las bases para una nueva era en la investigación psicológica, sino que también allanó el camino para las aplicaciones prácticas de los principios conductuales en diversos contextos, como la educación, la publicidad y la terapia. Este cambio dio origen a una era de experimentación e innovación en la modificación de la conducta, poniendo de relieve las profundas implicaciones de los principios del condicionamiento. La fluida transición de la obra fundacional de Pávlov al conductismo radical de Watson representa una época transformadora en la historia de la psicología, que precipitó una reestructuración revolucionaria en el estudio del comportamiento humano.

4. El paradigma conductual de John B. Watson:

Al establecer un cambio de paradigma respecto a los métodos introspectivos de la época, Watson enfatizó la importancia de las conductas observables y las influencias externas en el desarrollo y la conducta humana. Al centrarse en acciones mensurables en lugar de procesos mentales abstractos, la obra de Watson sentó las bases de la psicología conductual moderna y sus aplicaciones prácticas.

El paradigma conductual de Watson giraba en torno al concepto de determinismo ambiental, afirmando que el comportamiento de un individuo se moldea predominantemente por sus experiencias e interacciones con el entorno. Rechazando la noción de rasgos heredados o innatos como determinantes significativos del comportamiento, Watson argumentó que las conductas se aprenden mediante el condicionamiento y las influencias ambientales. Esta perspectiva impactó significativamente el campo de la psicología, centrando la atención en el análisis de estímulos y respuestas externas.

Un elemento central del paradigma de Watson era la creencia de que el comportamiento podía comprenderse y predecirse mediante la experimentación y el estudio rigurosos. Su famoso experimento del «Pequeño Albert», donde demostró los principios del condicionamiento clásico provocando miedo en un niño pequeño, ejemplificó su enfoque empírico. Al enfatizar la influencia del aprendizaje asociativo y las relaciones estímulo-respuesta, las metodologías experimentales de Watson proporcionaron valiosas perspectivas sobre los mecanismos subyacentes al comportamiento humano.

El paradigma de Watson jugó un papel fundamental al cuestionar las teorías psicoanalíticas freudianas predominantes en aquel entonces. Al destacar el papel del entorno en la configuración del comportamiento, la obra de Watson cuestionó la importancia de las pulsiones inconscientes y enfatizó el impacto de los factores externos en el desarrollo y las acciones del individuo. Este cambio impulsó una reevaluación de los métodos de investigación psicológica y los marcos teóricos, abriendo camino a una nueva era en la psicología conductual.

En general, el paradigma conductual de John B. Watson no solo revolucionó el estudio del comportamiento humano, sino que también contribuyó al establecimiento del conductismo como perspectiva psicológica dominante. Su énfasis en la observación empírica, el determinismo ambiental y las metodologías experimentales continúa moldeando las prácticas psicológicas contemporáneas y constituye un legado perdurable en el campo de la psicología.

5. Metodologías y hallazgos experimentales de Watson:

En su afán por establecer el conductismo como una disciplina científica diferenciada, Watson realizó una serie de experimentos. Un elemento central de su metodología fue la observación y documentación meticulosas del comportamiento animal en entornos controlados de laboratorio. Al centrarse principalmente en los comportamientos observables, Watson buscó eliminar las interpretaciones subjetivas y profundizar en el estudio empírico de las respuestas condicionadas. Mediante la cuidadosa manipulación de estímulos y señales ambientales, Watson ideó experimentos destinados a dilucidar los principios del condicionamiento clásico en situaciones reales. Uno de los experimentos más reconocidos fue el estudio «Little Albert», en el que se presentaron diversos estímulos a un bebé para examinar la adquisición de respuestas de miedo mediante el condicionamiento. Los hallazgos de Watson en este estudio proporcionaron una profunda comprensión del proceso de condicionamiento del miedo y la posibilidad de que las respuestas emocionales se moldeen a través de influencias ambientales. Además, su trabajo pionero sentó las bases para comprender la transferibilidad de las respuestas condicionadas a diferentes estímulos y contextos. El riguroso enfoque de Watson hacia la experimentación revolucionó el estudio científico del comportamiento y sentó las bases para la investigación sistemática de los principios del aprendizaje y el condicionamiento. Su dedicación a la precisión metodológica y la verificación empírica sigue siendo una piedra angular de la investigación conductual moderna, y da testimonio del impacto de sus metodologías experimentales. La culminación de los esfuerzos de investigación de Watson produjo hallazgos invaluables que continúan moldeando nuestra comprensión del condicionamiento conductual y sus implicaciones para el comportamiento humano y animal. Su incansable búsqueda del rigor científico y la investigación objetiva marcó un cambio de paradigma en la psicología, impulsando el conductismo a la vanguardia del discurso psicológico y transformando los límites de la investigación psicológica.

6. Aplicaciones prácticas de los principios Pavlovianos de Watson:

El fundador del conductismo no solo se centró en desarrollar marcos teóricos, sino también en aplicar estos principios a la práctica. La implementación de los principios Pavlovianos por parte de Watson revolucionó diversos campos, desde la psicología infantil hasta la publicidad.

Una aplicación notable se dio en el campo del desarrollo infantil. Los experimentos de Watson con el concepto de "condicionamiento conductual" impactaron significativamente la comprensión de las prácticas de crianza. Enfatizó la importancia de los estímulos y las respuestas ambientales en la formación del comportamiento infantil. Esto condujo a un enfoque más sistemático de la crianza y la educación, abogando por el uso del refuerzo positivo para moldear conductas deseables en los niños.

El trabajo de Watson sentó las bases para la aplicación de los principios conductuales en la psicología clínica. Basándose en el condicionamiento clásico de Pávlov, Watson introdujo el concepto de terapia conductual. Este enfoque terapéutico se centraba en modificar conductas desadaptativas mediante técnicas de condicionamiento. Abrió nuevas vías para el tratamiento de diversos trastornos psicológicos, allanando el camino para las terapias modernas de modificación de conducta.

Otro ámbito donde las aplicaciones prácticas de Watson fueron profundas es el de la publicidad y el marketing. Aprovechando los principios del condicionamiento clásico, Watson demostró cómo se podía influir en el comportamiento del consumidor mediante la colocación estratégica de productos y la comunicación asociativa. Sus ideas moldearon profundamente el campo de la publicidad, impulsando el desarrollo de sofisticadas estrategias de marketing basadas en el condicionamiento conductual.

Además de estos ámbitos, las aplicaciones prácticas de Watson se extendieron a las esferas del adiestramiento animal y el comportamiento organizacional. Su investigación contribuyó al perfeccionamiento de los métodos de adiestramiento animal, destacando el papel del refuerzo en la formación del comportamiento animal. Además, sus ideas fueron fundamentales para comprender y gestionar el comportamiento de los empleados dentro de las organizaciones, influyendo así en el campo de la psicología organizacional.

En general, las aplicaciones prácticas de Watson de los principios Pavlovianos trascendieron los límites teóricos y permearon diversos aspectos de la vida humana. Gracias a su trabajo pionero, no solo impulsó el campo del conductismo, sino que también sentó las bases para la utilización de los principios del condicionamiento en diversos contextos prácticos, dejando una huella duradera en la psicología, la educación, el marketing y otros ámbitos.

7. Comparación de las teorías de Pávlov y Watson:

El condicionamiento clásico de Pávlov y las teorías conductistas de Watson representan dos pilares influyentes en el desarrollo temprano de la psicología conductual. Si bien ambos enfoques comparten su enfoque en las conductas aprendidas, existen divergencias fundamentales en sus fundamentos teóricos. El trabajo de Pávlov se centró en la asociación fundamental entre un estímulo neutro y una respuesta incondicionada, mostrando el proceso de aprendizaje mediante emparejamientos repetidos. En contraste, Watson amplió este concepto al enfatizar la influencia de los factores ambientales en la configuración de la conducta, ignorando el papel de los procesos mentales internos. Esta dicotomía sirve como punto de partida para un análisis comparativo exhaustivo. Un diferenciador clave reside en sus respectivas perspectivas sobre el papel de la consciencia. Pávlov reconoció la presencia de experiencias subjetivas, reconociendo la influencia de la cognición en el condicionamiento, aunque de forma limitada. Por el contrario, Watson rechazó rotundamente la consideración de la consciencia en su estudio de la conducta, abogando por un enfoque purista en los estímulos y respuestas observables. Otro factor distintivo son sus metodologías experimentales. Mientras que Pávlov utilizó animales para explorar los reflejos salivales, Watson pasó al estudio de bebés humanos para investigar las respuestas emocionales, lo que pone de relieve el amplio alcance del conductismo. Además, la noción de generalización y discriminación se desarrolla de forma diferente en sus teorías, ya que el énfasis de Pávlov en las especificidades del estímulo contrasta con la aplicación más amplia de Watson a las conductas aprendidas en distintos contextos. Asimismo, las implicaciones de sus teorías en las aplicaciones prácticas difieren: el trabajo de Pávlov sentó las bases de terapias como la desensibilización sistemática, y el de Watson sentó las bases del influyente campo de la modificación de la conducta. Revelar las fortalezas y limitaciones de cada enfoque fomenta una comprensión matizada de su impacto en los paradigmas psicológicos modernos. Reconocer el énfasis de Pávlov en los fundamentos biológicos y el determinismo ambiental de Watson requiere un análisis que se base en perspectivas neurocientíficas, cognitivas y socioculturales.

8. Críticas y limitaciones de los modelos de condicionamiento temprano:

Los primeros modelos de condicionamiento, en particular las teorías Pavlovianas y conductistas, han contribuido significativamente a nuestra comprensión de las respuestas condicionadas y la modificación de la conducta. Sin embargo, estas teorías no están exentas de críticas y limitaciones, que merecen un análisis minucioso. Una crítica clave gira en torno a la naturaleza reduccionista de los primeros modelos de condicionamiento. Los críticos argumentan que estas teorías simplifican excesivamente el complejo comportamiento humano al centrarse únicamente en estímulos y respuestas observables, ignorando la influencia de los procesos cognitivos internos y las emociones. Además, la perspectiva determinista de los primeros modelos de condicionamiento ha sido objeto de escrutinio. Los críticos argumentan que estos modelos retratan a los individuos como meros productos de su entorno, ignorando la agencia individual y el libre albedrío. Esto pasa por alto la interacción entre los factores biológicos, psicológicos y ambientales en la configuración del comportamiento. Además, las implicaciones éticas de la aplicación de técnicas de condicionamiento en sujetos humanos han suscitado inquietudes éticas. El potencial de manipulación y coerción en el uso de métodos de condicionamiento para modificar conductas plantea interrogantes sobre la autonomía y el consentimiento. Otra limitación se refiere a la generalización de los hallazgos de estudios con animales al comportamiento humano. Si bien las primeras investigaciones sobre condicionamiento se basaron en gran medida en la experimentación con animales, la aplicabilidad de estos hallazgos al comportamiento humano puede ser limitada, dadas las diferencias inherentes entre las especies. Además, la falta de consideración del papel de las diferencias individuales y la diversidad en la respuesta a las técnicas de condicionamiento plantea una limitación significativa. La variación en las personalidades, los antecedentes culturales y las experiencias subjetivas puede influir en la eficacia de las intervenciones de condicionamiento. Por último, la incapacidad de los primeros modelos de condicionamiento para explicar la recuperación espontánea y otros fenómenos pone en entredicho su capacidad explicativa integral. A pesar de estas críticas, es imperativo reconocer las contribuciones fundamentales de Pávlov y Watson, que sentaron las bases para el desarrollo de la psicología conductual moderna.

9. Evolución del condicionamiento clásico al conductista:

El análisis de las críticas y limitaciones de los primeros modelos de condicionamiento ha revelado una evolución significativa del condicionamiento clásico al conductista. El modelo clásico proporcionó conocimientos fundamentales sobre los mecanismos del aprendizaje asociativo. Sin embargo, a medida que la disciplina progresó, se hizo evidente que una comprensión más integral del comportamiento humano requería un cambio de paradigma. Este cambio culminó con el surgimiento del condicionamiento conductista.

La evolución del condicionamiento clásico al conductista supone una desviación fundamental de la naturaleza pasiva del condicionamiento clásico hacia el determinismo ambiental activo propugnado por el conductismo. Las premisas fundamentales del condicionamiento conductista cuestionan las suposiciones tradicionales sobre el papel de la conciencia y la experiencia subjetiva en la formación del comportamiento. En cambio, se hace hincapié en los comportamientos observables y los factores ambientales que los configuran y mantienen.

El condicionamiento conductista genera un enfoque práctico en la aplicación de los principios psicológicos a los fenómenos del mundo real. Al evitar el estudio de los procesos mentales internos, el conductismo prioriza la observación empírica y la experimentación verificable. Esta filosofía ha tenido profundas implicaciones en diversos ámbitos, como la educación, la psicología clínica y el comportamiento organizacional.

La evolución hacia el condicionamiento conductista ha impulsado un enfoque interdisciplinario para comprender el comportamiento humano. Ha fomentado la colaboración entre la psicología y otras disciplinas como la neurociencia, la sociología y la informática, lo que ha llevado a una comprensión más holística de las acciones individuales y colectivas.

Las emociones como respuestas condicionadas

1. Principios del condicionamiento clásico en la respuesta emocional:

El condicionamiento clásico sirve como marco fundamental para comprender la relación entre los estímulos ambientales y las respuestas emocionales. En esencia, el condicionamiento clásico implica la asociación entre un estímulo neutro y uno incondicionado para evocar una respuesta condicionada. El proceso se desarrolla mediante la repetición de emparejamientos de estos estímulos, lo que lleva a la transformación del estímulo neutro en un estímulo condicionado que provoca la misma respuesta que el incondicionado.

Las emociones, al ser estados psicofisiológicos complejos, están profundamente entrelazadas con el condicionamiento clásico. Mediante este mecanismo, los individuos desarrollan asociaciones emocionales con estímulos específicos, lo que contribuye a la formación de disposiciones conductuales y respuestas afectivas. Comprender los principios del condicionamiento clásico en la respuesta emocional es fundamental para comprender diversos fenómenos psicológicos, como las fobias, las ansiedades y los trastornos emocionales.

La investigación ha demostrado el papel de la extinción y la recuperación espontánea en el condicionamiento clásico, lo que arroja luz sobre cómo las respuestas emocionales pueden modularse y reactivarse con el tiempo. El proceso de extinción implica la presentación del estímulo condicionado sin el estímulo incondicionado, lo que conduce gradualmente a una reducción de la respuesta condicionada. En cambio, la recuperación espontánea se refiere al resurgimiento de la respuesta condicionada tras un período de aparente extinción, lo que pone de relieve la naturaleza del condicionamiento emocional. El análisis de estos fenómenos revela la dinámica matizada de las respuestas emocionales en el marco del condicionamiento clásico.

Además, el concepto de generalización y discriminación de estímulos ofrece información valiosa sobre la ampliación o reducción de las respuestas emocionales a estímulos similares o diferentes al estímulo condicionado. Esta caracterización subraya la interacción entre las señales ambientales y las reacciones emocionales, lo que ilustra la naturaleza adaptativa del condicionamiento emocional. Asimismo, el concepto de condicionamiento de orden superior, en el que un estímulo neutro se convierte en un estímulo condicionado mediante la asociación con un estímulo condicionado existente, amplía el alcance del condicionamiento emocional para abarcar procesos cognitivos complejos.

2. Los experimentos de Watson - Caso de estudio del pequeño Albert:

El caso de estudio de Watson sobre el pequeño Albert es reconocido en el campo de la psicología y su objetivo era demostrar cómo una fobia o respuesta emocional podía condicionarse en un niño pequeño. El estudio involucró a un bebé de 11 meses, conocido como "Albert", quien fue expuesto a diversos estímulos para investigar el proceso de adquisición del miedo y el condicionamiento emocional. Inicialmente, el bebé no mostró respuestas de miedo ante una rata blanca, un conejo, un perro ni otros objetos. Sin embargo, mediante una serie de asociaciones pareadas entre estos objetos y ruidos fuertes y alarmantes, Watson y su colaboradora Rosalie Rayner lograron inducir con éxito reacciones de miedo y evitación en el niño. El resultado significativo de este estudio fue el establecimiento de una respuesta emocional condicionada en el pequeño Albert, que se extendió a estímulos similares que originalmente no temía. La naturaleza poco ética del experimento ha generado debates sobre la ética de la investigación y el tratamiento de los participantes en estudios psicológicos. El impacto del experimento de Watson en la comprensión del miedo y el condicionamiento emocional trasciende el estudio original, influyendo en la investigación y el desarrollo teórico posteriores en psicología conductual, en particular en el ámbito de las fobias, los trastornos de ansiedad y el aprendizaje emocional. A pesar de las preocupaciones éticas, el estudio de Little Albert constituye un ejemplo clave de cómo los estímulos ambientales pueden moldear las respuestas emocionales, aportando valiosas perspectivas sobre los mecanismos de adquisición del miedo y sus posibles aplicaciones en la terapia e intervenciones conductuales.

3. Resultados observables - Condicionamiento del miedo y otras emociones:

La respuesta emocional condicionada observada en el pequeño Albert ejemplificó el potencial de los mecanismos de aprendizaje asociativo para influir profundamente en el comportamiento y las reacciones emocionales humanas. Cuando un estímulo previamente neutral (en este caso, la rata blanca) se asoció con un ruido fuerte y alarmante, la respuesta emocional del pequeño Albert, inicialmente ausente, se transformó en miedo y angustia. Este experimento demostró cómo las respuestas emocionales pueden condicionarse mediante el aprendizaje asociativo, lo que conlleva implicaciones más amplias para la comprensión de las emociones. Además, el análisis de los resultados observables se extiende más allá del miedo y abarca un espectro de emociones que pueden ser influenciadas y condicionadas. La aplicabilidad de estos hallazgos a diversas experiencias emocionales resalta la versatilidad de los mecanismos de aprendizaje asociativo en la configuración de las respuestas emocionales humanas. Asimismo, el estudio de los resultados observables profundiza en la naturaleza matizada del condicionamiento emocional, arrojando luz sobre las complejidades involucradas en la generación y alteración de las respuestas emocionales. Al analizar las manifestaciones observables de las emociones condicionadas, los investigadores obtienen información valiosa sobre los procesos y efectos subyacentes del condicionamiento emocional. Este análisis exhaustivo proporciona una comprensión más profunda de la compleja interacción entre estímulos, respuestas emocionales y aprendizaje asociativo, enriqueciendo así el discurso sobre el condicionamiento emocional y su impacto en la psicología humana. La investigación también considera las implicaciones éticas del condicionamiento emocional, enfatizando la necesidad de prácticas de investigación responsables y rigurosas en el estudio de estos fenómenos tan sensibles. A medida que evoluciona el estudio de los resultados observables relacionados con el condicionamiento emocional, las investigaciones en curso buscan desentrañar el funcionamiento de los mecanismos de aprendizaje asociativo y su influencia en las emociones humanas.

4. Interrogatorio con estudios en animales:

La investigación sobre el condicionamiento emocional se extiende más allá de los sujetos humanos y abarca una amplia gama de estudios con animales. Estas investigaciones proporcionan información valiosa sobre los mecanismos subyacentes de las respuestas emocionales condicionadas, arrojando luz sobre la generalización y aplicabilidad de los principios conductuales en diferentes especies. Mediante sofisticados diseños experimentales y rigurosas metodologías de observación, los investigadores han indagado en los procesos mediante los cuales los animales desarrollan y exhiben comportamientos emocionales condicionados. Experimentos clásicos que involucran el condicionamiento Pavloviano en animales, como el innovador trabajo de Iván Pávlov con perros, sirvieron como demostraciones pioneras del aprendizaje asociativo y su relevancia para las respuestas emocionales. Estudios posteriores han ampliado esta línea de investigación para abarcar diversas especies, incluyendo roedores, aves y primates no humanos. Este amplio alcance de la investigación ilumina los principios fundamentales del condicionamiento emocional, a la vez que dilucida las variaciones específicas de cada especie en las respuestas conductuales y fisiológicas. Al examinar detenidamente los paralelismos y las desviaciones del condicionamiento emocional en diferentes especies, los científicos pueden delinear los mecanismos centrales a partir de las idiosincrasias inherentes a las estrategias de adaptación y supervivencia de cada especie. Además, las investigaciones comparativas facilitan la identificación de vías evolutivas conservadas y sus posibles aplicaciones en la investigación traslacional de los trastornos emocionales humanos. Las consideraciones éticas que sustentan el uso de animales en estos estudios son fundamentales, lo que impulsa esfuerzos continuos para garantizar un trato humano y minimizar el sufrimiento. Esto implica un estricto cumplimiento de las directrices institucionales y regulatorias, como las descritas en los principios de las 3R: Reemplazo, Reducción y Refinamiento. Estos principios rectores enfatizan el imperativo ético de buscar alternativas al uso de animales, reducir el número de animales involucrados y refinar los procedimientos experimentales para minimizar el daño y el sufrimiento. Si bien los estudios con animales aportan contribuciones invaluables a nuestra comprensión del condicionamiento emocional, las consideraciones éticas deben informar y guiar continuamente las prácticas de investigación para garantizar el bienestar de los sujetos animales. Además, es esencial una reflexión concienzuda sobre la transferibilidad de los hallazgos de los modelos animales a las experiencias emocionales humanas, lo que justifica una interpretación cautelosa de los resultados y refuerza la necesidad de métodos de investigación complementarios.

5. Comparaciones con las teorías cognitivas de la emoción:

Las teorías cognitivas de la emoción proponen que las emociones son el resultado de procesos cognitivos, que incluyen la interpretación y la evaluación de una situación, y no solo respuestas condicionadas. Estas teorías enfatizan el papel de los pensamientos, las creencias y las interpretaciones en la experiencia y la expresión de las emociones. Al comparar las teorías cognitivas con el condicionamiento emocional, es fundamental considerar las diferentes perspectivas sobre el origen y la naturaleza de las emociones.

Una distinción clave reside en la influencia de las experiencias pasadas. Mientras que el condicionamiento emocional se centra en las asociaciones aprendidas mediante la repetición de emparejamientos de estímulos, las teorías cognitivas destacan la importancia de la interpretación y la construcción de significado individuales en la configuración de las experiencias emocionales.

Según las teorías cognitivas, la forma en que los individuos interpretan y evalúan su entorno influye directamente en sus respuestas emocionales. Esto contrasta con la perspectiva conductual, que enfatiza el impacto de los estímulos externos en la generación de reacciones emocionales.

Las teorías cognitivas subrayan el papel de las representaciones y esquemas mentales en la configuración de las experiencias emocionales. El concepto de esquemas cognitivos sugiere que los individuos poseen marcos mentales preexistentes que guían su comprensión y respuesta a las situaciones, lo que contribuye a la diversidad de reacciones emocionales entre individuos. En contraste, el condicionamiento emocional explica las respuestas emocionales como producto directo de señales ambientales y asociaciones aprendidas, sin el mismo énfasis en los procesos cognitivos internos.

Otro punto crucial de comparación es el tratamiento de las emociones irracionales o desadaptativas. Las teorías cognitivas de la emoción suelen centrarse en identificar y modificar patrones de pensamiento y creencias perjudiciales que contribuyen a estados emocionales negativos. Las intervenciones terapéuticas basadas en teorías cognitivas, como la terapia cognitivo-conductual, buscan reestructurar los procesos cognitivos para aliviar el malestar emocional. Por el contrario, los enfoques de condicionamiento emocional pueden buscar principalmente alterar las respuestas aprendidas de un individuo a estímulos específicos, sin abordar necesariamente los mecanismos cognitivos subyacentes que contribuyen a sus experiencias emocionales.

A pesar de estas diferencias, la investigación psicológica contemporánea reconoce la posible integración de las perspectivas cognitivas y del condicionamiento para comprender las complejidades de las emociones humanas. Algunos investigadores han propuesto modelos que incorporan elementos de las teorías cognitivas y conductuales, reconociendo la interacción entre las asociaciones aprendidas y el procesamiento cognitivo en la configuración de las respuestas emocionales. Este enfoque integrador sugiere que las emociones pueden resultar de una combinación de asociaciones aprendidas y evaluaciones cognitivas, lo que resalta la necesidad de marcos integrales y holísticos que expliquen la naturaleza multifacética de las emociones humanas.

6. Implicaciones para las prácticas terapéuticas:

El estudio del condicionamiento emocional y sus implicaciones para las prácticas terapéuticas es muy prometedor en el campo de la psicología clínica y la psicoterapia. Comprender cómo se forman las emociones y cómo se ven influenciadas por los procesos de condicionamiento proporciona información valiosa para el desarrollo de intervenciones terapéuticas eficaces. Al reconocer el papel de los estímulos ambientales y las respuestas aprendidas en la configuración de las experiencias emocionales, los terapeutas pueden adaptar los planes de tratamiento para abordar las reacciones emocionales desadaptativas.

Una de las principales implicaciones reside en la aplicación de terapias sistemáticas de desensibilización y exposición para personas que padecen fobias, trastornos de ansiedad y trastornos traumáticos. Mediante los principios del condicionamiento clásico, los terapeutas pueden exponer gradualmente a los pacientes a estímulos que inducen miedo en un entorno controlado y de apoyo, lo que lleva a la atenuación de las respuestas emocionales condicionadas. Este proceso permite a las personas reaprender reacciones emocionales adaptativas, reduciendo así su angustia y mejorando su calidad de vida.

La investigación sobre el condicionamiento emocional ha allanado el camino para el desarrollo de terapias cognitivo-conductuales, que incorporan técnicas destinadas a modificar los procesos cognitivos desadaptativos y las respuestas emocionales asociadas. Al integrar los principios del condicionamiento emocional con la reestructuración cognitiva, la terapia cognitivo-conductual ofrece un marco eficaz para abordar diversos trastornos psicológicos, como la depresión, el trastorno de estrés postraumático y el trastorno obsesivo-compulsivo. Los terapeutas pueden colaborar con sus clientes para identificar y abordar patrones de pensamiento disfuncionales, a la vez que implementan intervenciones conductuales para reestructurar las respuestas emocionales condicionadas.

La comprensión del condicionamiento emocional también subraya la importancia de crear entornos propicios dentro de los entornos terapéuticos. Al reconocer el impacto de las señales ambientales en las experiencias emocionales, los terapeutas pueden crear contextos terapéuticos personalizados que faciliten asociaciones emocionales positivas y ayuden a prevenir el refuerzo de reacciones emocionales desadaptativas. Este enfoque abarca el uso de estímulos placenteros y tranquilizadores para contrarrestar el condicionamiento emocional negativo, fomentando así un ambiente propicio para la sanación y el crecimiento emocional.

Además, la aplicación de los principios del condicionamiento emocional se extiende al ámbito del tratamiento de las adicciones y la prevención de recaídas. Al identificar y abordar las señales condicionadas y los desencadenantes asociados con el consumo de sustancias y las conductas adictivas, los terapeutas pueden diseñar intervenciones integrales que aborden tanto los aspectos cognitivos como emocionales de la adicción. Mediante la incorporación de la terapia de exposición a señales y el recondicionamiento de las respuestas emocionales a las señales relacionadas con la adicción, las personas en rehabilitación pueden desarrollar una mayor resiliencia frente a las recaídas y lograr un mejor control de sus reacciones emocionales.

7. Reflexiones críticas sobre la metodología y los hallazgos:

Al examinar la metodología y los hallazgos relacionados con el condicionamiento emocional, es imperativo realizar reflexiones críticas que ilustren tanto las fortalezas como las limitaciones de la investigación existente. Un aspecto fundamental que requiere escrutinio es el enfoque metodológico adoptado para estudiar el fenómeno del condicionamiento emocional. Si bien los experimentos tradicionales han demostrado la capacidad de establecer procesos de aprendizaje asociativo en entornos de laboratorio controlados, surgen dudas sobre la generalización de dichos hallazgos a escenarios del mundo real. La naturaleza artificial de las condiciones de laboratorio puede no reflejar con precisión la complejidad de los estímulos ambientales que encontramos en la vida cotidiana, lo que justifica la cautela al extrapolar estos resultados a contextos prácticos. Además, las preocupaciones sobre la ética de inducir respuestas emocionales mediante técnicas de condicionamiento exigen una cuidadosa consideración de las implicaciones para el bienestar y la autonomía de los participantes. Esto impulsa a los investigadores a explorar metodologías alternativas que prioricen el bienestar de los participantes, manteniendo al mismo tiempo el rigor científico. Asimismo, un examen crítico de los hallazgos de los estudios sobre condicionamiento emocional es indispensable para refinar los modelos teóricos existentes. El análisis de la evidencia empírica ayuda a discernir los matices de las respuestas emocionales y sus fundamentos asociativos. Al examinar la consistencia de los hallazgos en diversas poblaciones y condiciones ambientales, los investigadores pueden establecer una comprensión más integral de los aspectos universales y contextuales del condicionamiento emocional. Estos procesos reflexivos impulsan la evolución de los marcos teóricos y contribuyen al desarrollo de perspectivas matizadas que trascienden las interpretaciones reduccionistas de las emociones como meras respuestas condicionadas. Además, una evaluación introspectiva de las limitaciones inherentes al diseño experimental y la interpretación de datos fomenta la humildad intelectual y promueve una cultura de investigación rigurosa en el campo. Al reconocer las condiciones límite y los posibles factores de confusión que afectan los resultados experimentales, los investigadores sientan las bases para futuros estudios que aborden estos desafíos y perfeccionen nuestra comprensión de los fenómenos del condicionamiento emocional. En definitiva, fomentar una actitud reflexiva hacia las elecciones metodológicas y los hallazgos empíricos es fundamental para mantener la integridad y la relevancia de la investigación en condicionamiento emocional, impulsando la disciplina hacia una mayor sofisticación y aplicabilidad.

Principios de generalización, discriminación y extinción

1. Generalización en las respuestas conductuales:

La generalización en las respuestas conductuales se refiere al fenómeno por el cual un organismo demuestra una respuesta condicionada a estímulos similares, pero no idénticos, al estímulo condicionado original. Este proceso desempeña un papel fundamental para comprender cómo se manifiestan las conductas aprendidas en diversos contextos del mundo real. En esencia, la generalización permite respuestas adaptativas a estímulos nuevos que muestran semejanza con el condicionamiento original, promoviendo la flexibilidad y la supervivencia en diversos entornos. Para ilustrar este principio, considere un ejemplo clásico del campo de la psicología: un niño que ha sido condicionado a temer a un tipo específico de perro también puede exhibir respuestas de miedo a otras razas de perros o incluso a animales con características físicas similares. Este suceso resalta cómo la generalización extiende la respuesta condicionada más allá del estímulo exacto que originalmente se asoció con una respuesta incondicionada. Comprender los mecanismos y los límites de la generalización tiene gran importancia tanto en aplicaciones teóricas como prácticas dentro del ámbito de la psicología conductual.

2. Mecanismos de generalización de la respuesta:

La generalización de la respuesta dilucida la amplitud de las respuestas aprendidas de un organismo más allá de estímulos específicos. Este fenómeno ocurre cuando un individuo exhibe una respuesta condicionada a estímulos similares, pero no idénticos, al estímulo condicionado original. Los mecanismos que subyacen a la generalización de la respuesta son multifacéticos y tienen implicaciones significativas tanto para la comprensión teórica como para la aplicación práctica. Un mecanismo fundamental de la generalización de la respuesta involucra los elementos perceptuales de los estímulos. Cuando los estímulos comparten características comunes con el estímulo condicionado original, los individuos pueden generalizar su respuesta aprendida a estos estímulos similares. Esta transferencia automática de la respuesta permite la adaptación a nuevas situaciones, facilitando la aplicación de comportamientos previamente adquiridos a contextos novedosos. Además, la generalización de la respuesta puede ser moldeada por los procesos cognitivos de abstracción y categorización. A través de la abstracción, los individuos reconocen los puntos en común entre diversos estímulos y generan respuestas generalizadas basadas en estas similitudes. La categorización también desempeña un papel fundamental, ya que los individuos clasifican diversos estímulos en categorías relevantes y aplican las respuestas aprendidas en consecuencia. Más allá de los mecanismos perceptuales y cognitivos, la generalización de la respuesta puede verse influenciada por el entorno y las señales contextuales. Factores situacionales, como el entorno, el momento o el contexto social, pueden impulsar la generalización de las respuestas aprendidas. Además, la congruencia emocional entre estímulos puede provocar la generalización, donde estímulos que provocan reacciones emocionales similares pueden desencadenar respuestas aprendidas comparables. La compleja interacción de estos mecanismos contribuye a la naturaleza integral de la generalización de la respuesta y destaca los procesos involucrados en las respuestas conductuales adaptativas. Comprender los mecanismos de generalización de la respuesta es indispensable para diseñar intervenciones dirigidas a promover conductas adaptativas y mitigar las respuestas desadaptativas. Proporciona información valiosa sobre la maleabilidad de las conductas aprendidas en diversos contextos, ofreciendo oportunidades para estrategias de modificación de conducta a medida. Además, este conocimiento fomenta una comprensión más profunda de cómo los individuos se desenvuelven en sus entornos, se adaptan a nuevos desafíos y exhiben conductas flexibles basadas en experiencias pasadas. Por lo tanto, la exploración de la generalización de la respuesta es esencial para avanzar en la comprensión del condicionamiento conductual y sus amplias implicaciones en diversos ámbitos.

3. Procesos de discriminación en el condicionamiento:

Los procesos de discriminación en el condicionamiento se refieren a la capacidad de un organismo para distinguir entre diferentes estímulos y responder selectivamente en función de estas distinciones. Este aspecto crucial del condicionamiento desempeña un papel fundamental en la configuración del comportamiento y ha sido ampliamente estudiado en el marco de la psicología conductual. La capacidad de discriminar entre estímulos similares es fundamental para las conductas adaptativas y abarca tanto los paradigmas del condicionamiento clásico como el operante.

En el condicionamiento clásico, la discriminación ocurre cuando un organismo aprende a responder a un estímulo específico, inhibiendo la misma respuesta ante otros estímulos similares. La evidencia experimental ha demostrado cómo se puede entrenar a animales y humanos para diferenciar entre diversos estímulos mediante procedimientos sistemáticos de refuerzo y extinción. Estos estudios han puesto de relieve la precisión con la que los organismos pueden aprender a discernir variaciones sutiles en su entorno y ajustar sus respuestas conductuales en consecuencia.

Los procesos de discriminación se extienden al condicionamiento operante, donde los organismos aprenden a diferenciar entre refuerzos y castigos basándose en señales específicas o factores contextuales. La capacidad de discriminar entre las consecuencias de diferentes acciones es fundamental para comprender las contingencias que rigen los resultados conductuales. Mediante programas de refuerzo y tareas operantes discriminadas, los investigadores han dilucidado la naturaleza del aprendizaje de la discriminación y sus implicaciones para la modificación de la conducta en el mundo real.

Las implicaciones más amplias de los procesos de discriminación pueden observarse en diversos contextos, desde entornos clínicos hasta intervenciones educativas. Por ejemplo, las personas con fobias pueden recibir entrenamiento en discriminación para distinguir entre estímulos seguros y atemorizantes, mitigando así sus respuestas emocionales. De igual manera, los educadores emplean el entrenamiento en discriminación para reforzar las conductas deseadas en los estudiantes y, al mismo tiempo, suprimir las respuestas indeseables. Comprender los mecanismos subyacentes de la discriminación permite intervenciones específicas que promueven conductas adaptativas y alivian patrones desadaptativos.

4. Evidencia experimental de discriminación:

La evidencia experimental de discriminación en los procesos de condicionamiento ha sido un punto focal de la investigación en psicología conductual. Al investigar la capacidad de los organismos para diferenciar estímulos, los investigadores han arrojado luz sobre las complejidades del aprendizaje discriminativo. Un experimento clásico de Guttman y Kalish (1956) buscó dilucidar el concepto de discriminación de estímulos en palomas. El estudio consistió en entrenar palomas para picotear discos de diferentes colores, con refuerzo únicamente por picotear un color específico. Mediante meticulosos procedimientos de modelado, las palomas aprendieron a discriminar entre el color reforzado y otros colores no reforzados, mostrando así evidencia de discriminación de estímulos. Este estudio fundamental demostró la capacidad de los animales para exhibir respuestas selectivas basadas en estímulos discernibles, destacando la importancia de las señales discriminativas en el condicionamiento conductual. Además, experimentos que utilizan paradigmas de condicionamiento operante han delineado el papel de los estímulos discriminativos en el modelado y mantenimiento de comportamientos complejos. Por ejemplo, en un estudio realizado por Neuringer (1967), se entrenó a ratas para que presionaran una palanca bajo condiciones específicas de intensidad y patrón de luz. Los resultados demostraron que las ratas discriminaban distintas señales ambientales, exhibiendo un comportamiento de presionar la palanca dependiendo de la presencia de estímulos discriminativos. Estos hallazgos subrayan la relevancia del entrenamiento en discriminación para modular las respuestas conductuales. Además, la investigación que emplea el condicionamiento aversivo ha dilucidado las implicaciones de la discriminación de estímulos en la generalización y extinción del miedo. Estudios sobre el condicionamiento del miedo en roedores han revelado que la discriminación precisa entre estímulos condicionados y neutros puede conducir a respuestas de miedo más específicas y facilitar los procesos de extinción. En general, la abundante evidencia experimental proporciona un respaldo convincente al papel crucial de la discriminación en el condicionamiento y su profundo impacto en el comportamiento. Dichos estudios profundizan nuestra comprensión de cómo los organismos disciernen y responden a señales ambientales específicas, ofreciendo información valiosa para aplicaciones en áreas como el entrenamiento animal, la educación y las intervenciones clínicas.

5. El concepto y el papel de la extinción:

La extinción representa la disminución o supresión de una conducta previamente reforzada. En el contexto del condicionamiento clásico, la extinción ocurre cuando el estímulo condicionado ya no provoca la respuesta condicionada porque ya no está emparejado con el estímulo incondicionado. De igual manera, en el condicionamiento operante, la extinción se refiere a la reducción en la frecuencia o intensidad de una conducta cuando ya no va seguida de una consecuencia reforzante.

Comprender el proceso de extinción es esencial para comprender las complejidades del comportamiento humano y animal. Al explorar sistemáticamente las condiciones bajo las cuales ocurre la extinción, los investigadores han descubierto información valiosa sobre los mecanismos subyacentes del aprendizaje y la memoria. Esto tiene implicaciones significativas para una amplia gama de campos, como la educación, la psicología clínica y el entrenamiento animal.

El papel de la extinción va más allá de su significado teórico, ya que también tiene relevancia práctica en diversos escenarios del mundo real. Por ejemplo, en entornos terapéuticos, el uso deliberado de procedimientos de extinción puede contribuir a la reducción de conductas desadaptativas como fobias, trastornos de ansiedad y abuso de sustancias. Mediante protocolos de extinción cuidadosamente diseñados, los terapeutas pueden disminuir eficazmente la intensidad de las respuestas condicionadas, contribuyendo así al alivio del malestar psicológico y a la mejora del bienestar general.

En contextos educativos, educadores y formadores utilizan los principios de extinción para modificar conductas indeseables y reforzar las más deseables. Mediante la aplicación constante de técnicas de extinción, las conductas o hábitos indeseables en el aula pueden reemplazarse gradualmente por alternativas más favorables, fomentando así un entorno de aprendizaje positivo y propicio.

Es importante destacar que, si bien la extinción puede resultar en la supresión de una conducta previamente aprendida, no borra el aprendizaje original. En cambio, introduce un nuevo aprendizaje que inhibe la expresión de la conducta anterior. Por lo tanto, la reaparición intermitente de conductas extinguidas, conocida como recuperación espontánea, subraya la naturaleza compleja de los procesos de extinción y destaca la necesidad de una diligencia continua en las intervenciones conductuales.

6. Aplicaciones prácticas de las estrategias de extinción:

Las estrategias de extinción, derivadas de los principios de la psicología conductual, ofrecen una gran variedad de aplicaciones prácticas en diversos ámbitos. En el ámbito clínico, estas estrategias se utilizan para modificar conductas desadaptativas, como adicciones, fobias y compulsiones. Al eliminar sistemáticamente los estímulos reforzantes asociados a estas conductas, la extinción busca disminuir su incidencia, fomentando así respuestas adaptativas. Los programas de modificación de conducta para el abuso de sustancias, por ejemplo, suelen incorporar técnicas de extinción para debilitar la asociación entre el consumo de drogas y los desencadenantes ambientales, promoviendo así la abstinencia y la recuperación a largo plazo.

En contextos educativos, las estrategias de extinción desempeñan un papel fundamental para abordar patrones de comportamiento indeseables en los estudiantes. Al retirar el refuerzo previamente vinculado a conductas disruptivas, los educadores se esfuerzan por eliminar estas acciones y fomentar una conducta más positiva. Este enfoque no solo facilita un entorno de aprendizaje propicio, sino que también dota a los estudiantes de valiosas habilidades de autorregulación e interacción social.

En la gestión organizacional, las estrategias de extinción pueden implementarse para transformar el comportamiento de los empleados y fomentar una cultura laboral armoniosa. Al evitar el refuerzo de acciones contraproducentes y enfatizar la conducta deseada, los líderes pueden orientar eficazmente la dinámica organizacional hacia una mayor productividad y colaboración. Además, la implementación proactiva de procedimientos de extinción en entornos de atención al cliente puede mitigar comportamientos no deseados y mejorar la calidad general del servicio.

Las estrategias de extinción también son relevantes en el adiestramiento y la cría de animales. Mediante la eliminación sistemática de estímulos positivos o negativos, los adiestradores buscan eliminar comportamientos indeseados y fomentar las respuestas deseadas en diversos animales. Esto es particularmente evidente en zoológicos y en el adiestramiento de mascotas, donde las metodologías de extinción constituyen la base de protocolos eficaces de gestión del comportamiento.

Más allá de estas aplicaciones, las estrategias de extinción resultan prometedoras para abordar las actividades perjudiciales para el medio ambiente. Al inhibir el refuerzo vinculado a prácticas ambientales perjudiciales, las sociedades y los gobiernos pueden frenar los comportamientos que contribuyen a la degradación ecológica, promoviendo así la vida sostenible y las iniciativas de conservación.

En general, la aplicación multifacética de las estrategias de extinción subraya su profundo impacto en el comportamiento humano, la dinámica organizacional, la educación y la gestión ambiental. Su implementación sistemática constituye una herramienta invaluable para fomentar cambios conductuales positivos en diversos ámbitos, lo que demuestra la importancia de la psicología conductual en la sociedad contemporánea.

7. Interrelaciones entre los tres principios:

Para comprender las interrelaciones entre los principios de generalización, discriminación y extinción, es crucial reconocer la compleja dinámica que rige las respuestas conductuales. Si bien cada principio opera de forma distinta, están entrelazados, influyéndose y moldeándose mutuamente de diversas maneras. La generalización, la tendencia a que una respuesta condicionada se produzca en presencia de estímulos similares al estímulo condicionado original, también puede afectar el proceso de discriminación. Por ejemplo, si un individuo responde a una señal específica, pero luego demuestra una respuesta similar a otras señales que se asemejan al estímulo original, se pone de manifiesto la influencia de la generalización en la discriminación. De igual manera, la extinción, la reducción en la frecuencia o intensidad de una respuesta aprendida debido a la ausencia de refuerzo, puede afectar tanto la generalización como la discriminación. Cuando la extinción se aplica a un estímulo particular, puede debilitar la generalización a estímulos similares y contribuir al refinamiento de las respuestas discriminatorias. Además, la capacidad de discriminar entre diferentes estímulos también puede dificultar la generalización, ya que las personas aprenden a diferenciar entre señales específicas y, en consecuencia, inhiben las respuestas generalizadas. Estas complejidades subrayan la influencia recíproca y la dependencia mutua de estos principios dentro del paradigma del condicionamiento conductual. Esta interconexión tiene implicaciones significativas para las aplicaciones prácticas, ya que las intervenciones dirigidas a un principio pueden afectar inadvertidamente a los demás. Reconocer la interacción entre estos principios es esencial para diseñar estrategias integrales que modifiquen y moldeen eficazmente los patrones de comportamiento.

El rechazo de la conciencia en el estudio psicológico

1. Contexto histórico y el papel de la introspección:

A finales del siglo XIX y principios del XX, la introspección fue un método destacado en la investigación psicológica. Proveniente del estructuralismo, la introspección implicaba que los individuos reflexionaran sobre sus experiencias internas y comunicaran sus pensamientos y sentimientos conscientes. Sin embargo, este enfoque presentaba varias deficiencias percibidas que impulsaron un cambio en el campo de la psicología. La introspección fue criticada por su naturaleza inherentemente subjetiva, ya que se basaba en el autoinforme y la interpretación individual de los procesos mentales. Carecía de estandarización, lo que generaba resultados inconsistentes y dificultaba la replicabilidad de los hallazgos en diferentes estudios. Además, la introspección se enfrentaba a dificultades para captar procesos y comportamientos inconscientes que no eran fácilmente accesibles a la conciencia. Esta limitación dificultaba una comprensión integral de la cognición y la emoción humanas. La dependencia de la introspección también planteó dudas sobre la validez y la fiabilidad de los datos obtenidos, poniendo en duda el rigor científico de la investigación psicológica. Como resultado, el contexto histórico destaca el surgimiento gradual del escepticismo hacia la introspección y allanó el camino para un enfoque más objetivo y empírico para el estudio del comportamiento y los procesos mentales.

2. Justificación para descartar la conciencia como componente de estudio:

La consciencia se ha considerado durante mucho tiempo un tema polémico en el campo de la psicología. Los primeros teóricos conductistas, como Watson y Skinner, desempeñaron un papel fundamental en la justificación para descartar la consciencia como componente de estudio. Su trabajo, que cambió el paradigma, enfatizó la necesidad de centrarse en las conductas observables en lugar de profundizar en los aspectos subjetivos e introspectivos de la experiencia humana. Al reorientar la disciplina hacia elementos medibles y cuantificables, pretendían establecer la psicología como una ciencia rigurosa. La justificación para descartar la consciencia se basaba en la búsqueda de objetividad y validez empírica. La introspección, un método predominante en aquel entonces, fue criticada por su falta de fiabilidad y reproducibilidad. Esto condujo a un creciente escepticismo respecto a la importancia de las experiencias subjetivas en la investigación científica. Además, los conductistas destacaron la ambigüedad e imprecisión inherentes al estudio de la consciencia, lo que alentó aún más su postura de priorizar las conductas observables. Sostuvieron que la consciencia era esquiva, ambigua y, a menudo, resistente a una definición precisa. Como resultado, el énfasis se desplazó hacia mecanismos que pudieran estudiarse objetivamente y validarse empíricamente. Este cambio simbolizó una ruptura con los enfoques tradicionales y allanó el camino para el establecimiento del conductismo como una fuerza dominante en psicología. La justificación para descartar la conciencia como componente de estudio se sustentaba en el deseo de elevar la psicología a la categoría de ciencia natural, caracterizada por leyes y principios verificables. Al rechazar la naturaleza enigmática de la conciencia, los conductistas buscaron alinear la psicología con las metodologías científicas adoptadas en campos como la física y la biología. El objetivo general era fomentar una disciplina basada en la evidencia empírica y libre de conjeturas subjetivas. Desde esta perspectiva, el rechazo de la conciencia puede percibirse como un paso deliberado hacia el posicionamiento de la psicología como una actividad científica legítima y respetada. Si bien abundan las controversias sobre la exclusión de la conciencia de la investigación psicológica, es innegable que los pensadores conductistas sentaron las bases de un enfoque empírico y objetivo que ha moldeado significativamente la trayectoria de la psicología moderna.

3. Influencia de los primeros teóricos conductistas:

Los primeros teóricos conductistas moldearon significativamente el panorama de la psicología moderna, principalmente por su énfasis en las conductas observables y el rechazo de la consciencia como objeto de estudio viable. Uno de los eventos fundacionales del movimiento fue la publicación del artículo de Watson en 1913, «La psicología desde la perspectiva conductista», donde sentó las bases para un cambio radical en la investigación psicológica al promover la idea de que la psicología debía redefinirse como la ciencia de la conducta, evitando los conceptos mentalistas y centrándose en las relaciones condicionadas entre estímulos y respuestas. Este alejamiento de los métodos introspectivos, predominantes en la psicología estructuralista de la época, marcó un hito en la historia de la disciplina. El conductismo también se inspiró en el trabajo de Iván Pávlov, cuya investigación sobre el condicionamiento clásico con perros proporcionó evidencia empírica de la influencia de los estímulos ambientales en la conducta. Los hallazgos de Pávlov reforzaron aún más el argumento a favor de priorizar las conductas observables en el estudio científico. Más allá de estas contribuciones individuales, los primeros teóricos conductistas desafiaron colectivamente los paradigmas imperantes de la psicología, impulsando profundos cambios en las metodologías de investigación y los marcos teóricos. Su influencia colectiva condujo a la adopción generalizada de métodos experimentales y a una rigurosa validación empírica, sentando las bases para el desarrollo de la psicología moderna. Además, la defensa de un enfoque objetivo y cuantificable para comprender el comportamiento humano no solo revolucionó la psicología académica, sino que también repercutió en disciplinas afines y sus aplicaciones prácticas.

4. El cambio hacia comportamientos observables:

En el campo de la psicología, se produjo un notable cambio de paradigma con el surgimiento y la proliferación del conductismo. Esta revolución se caracteriza por un marcado giro hacia las conductas observables como eje central de la investigación psicológica, lo que marca un alejamiento de los métodos introspectivos dominantes en la investigación psicológica anterior. El conductismo buscó establecer la psicología como una ciencia empírica, enfatizando la objetividad y la mensurabilidad. Por ello, el enfoque en las conductas observables se alineó perfectamente con los principios conductistas, permitiendo a los investigadores investigar y analizar respuestas objetivamente discernibles y cuantificables. Este cambio se vio impulsado por el desarrollo de metodologías experimentales que permitieron la observación y medición precisas de la conducta, proporcionando así una base sólida para la investigación científica. Con este nuevo énfasis en la conducta, los psicólogos pudieron aplicar diseños experimentales controlados para dilucidar los mecanismos subyacentes que rigen la conducta humana y animal. El cambio hacia las conductas observables también generó un gran interés en el condicionamiento y el aprendizaje, ya que estos procesos podían observarse y manipularse fácilmente dentro de los marcos establecidos por los principios conductistas. En esencia, el giro hacia las conductas observables catalizó una transformación fundamental en el enfoque del estudio psicológico, allanando el camino para un examen más riguroso y sistemático del comportamiento humano y animal. Además, este cambio impulsó la psicología al ámbito de las ciencias naturales, donde los fenómenos podían someterse al escrutinio empírico, lo que condujo al establecimiento de una base sólida para la disciplina moderna de la psicología.

5. Subjetividad en la investigación psicológica:

La dependencia de la introspección y la interpretación de las experiencias internas de los individuos a menudo ha llevado a sesgos subjetivos, lo que dificulta alcanzar conclusiones objetivas.

Este elemento subjetivo introduce variabilidad y dificulta la replicabilidad de los hallazgos, socavando la credibilidad de los estudios psicológicos. Los críticos argumentan que la naturaleza inherentemente personal de la introspección permite que las diferencias individuales influyan en las experiencias reportadas, impactando la confiabilidad de los datos. Además, la naturaleza interpretativa de los informes subjetivos plantea desafíos para establecer criterios de medición consistentes, lo que lleva a posibles discrepancias en los resultados de la investigación. Por lo tanto, existe un sólido argumento para reducir la dependencia de los datos introspectivos subjetivos a favor de medidas más objetivas. El énfasis excesivo en las experiencias subjetivas también puede limitar la generalización de los hallazgos, ya que estas experiencias pueden no ser representativas de poblaciones más amplias. Por el contrario, las observaciones objetivas del comportamiento y las mediciones fisiológicas ofrecen un enfoque más estandarizado, proporcionando datos cuantificables que pueden analizarse y compararse en diversas muestras. Al desplazar el enfoque de la introspección subjetiva hacia las conductas observables y las respuestas fisiológicas mensurables, la psicología puede elevar su rigor científico, mejorando la validez y la fiabilidad de su investigación. Además, alejarse de la subjetividad promueve una mayor transparencia y reproducibilidad, aspectos esenciales de una investigación científica sólida. El avance hacia la objetividad también se alinea con los principios fundamentales del conductismo, que prioriza el estudio de las conductas observables sobre los procesos mentales internos. Este cambio no solo aborda las limitaciones asociadas con la subjetividad, sino que también se alinea con el énfasis de la comunidad científica en la evidencia empírica y las hipótesis contrastables. Sin embargo, es crucial reconocer que el rechazo total de la subjetividad puede pasar por alto valiosas perspectivas sobre la experiencia humana. Por lo tanto, la crítica de la subjetividad debe equilibrarse con una apreciación de las complejidades matizadas de la cognición y la emoción humanas. La integración de enfoques objetivos y subjetivos puede enriquecer el campo de la psicología, ofreciendo una comprensión integral del comportamiento humano.

6. La conciencia en contraste con la conducta:

La consciencia, tema de constante debate y fascinación en el ámbito de la psicología, presenta un desafío singular al intentar definirla en relación con la conducta. Mientras que la conducta se refiere a las acciones y reacciones observables, la conciencia encapsula las experiencias subjetivas, los pensamientos y la percepción que poseen los individuos. El contraste entre ambos conceptos radica en la tangibilidad de la conducta frente a la intangibilidad de la conciencia. La conducta, al ser externa y medible, ha recibido históricamente mayor atención debido a su naturaleza objetiva, lo que permite el análisis cuantitativo. Por otro lado, la conciencia, con sus qualia y su naturaleza interna, a menudo se ha considerado inconmensurable y esquiva, lo que ha llevado a su desestimación o descuido en los estudios psicológicos. Comprender esta dicotomía es fundamental para comprender las complejidades inherentes al rechazo de la conciencia como eje central de la investigación psicológica. Esta dicotomía invita a reflexionar sobre cómo el conductismo, con su énfasis en los fenómenos cuantificables y observables, llegó a eclipsar la importancia de la conciencia en la configuración de la experiencia humana y la comprensión de la psique humana. Esta priorización histórica de la conducta sobre la consciencia ha dejado una huella imborrable en la trayectoria de la investigación y la erudición psicológica. Es fundamental reconocer que, si bien la conducta proporciona información valiosa sobre la conducta humana y las respuestas a los estímulos, la consciencia ofrece una narrativa interna que sustenta y enriquece nuestra interpretación de las acciones y experiencias. Por lo tanto, reevaluar la relación entre la consciencia y la conducta es indispensable para una comprensión integral de la psicología humana. Esto requiere abandonar la dicotomía tradicional y adoptar un enfoque más integrado, donde tanto la conciencia como la conducta se reconozcan como componentes complementarios del complejo entramado de la psicología humana. Esta integración promete revelar una comprensión más profunda de las complejidades de la cognición, la emoción y la motivación humanas, enriqueciendo así el alcance de la investigación y la comprensión psicológicas.

7. Métodos experimentales y validación empírica:

Los métodos experimentales y la validación empírica son componentes fundamentales del rechazo de la consciencia en el estudio psicológico. Al centrarse en comportamientos observables y respuestas medibles, el conductismo ha revolucionado la comprensión de la psicología humana. Mediante diseños experimentales rigurosos, los conductistas han establecido un marco para la investigación científica que prioriza la objetividad y la cuantificabilidad.

Uno de los métodos experimentales fundamentales empleados es el uso de estudios de laboratorio controlados para investigar las respuestas conductuales bajo condiciones de estímulo específicas. Esto implica la manipulación precisa de variables ambientales para generar comportamientos deseados y medir sistemáticamente su ocurrencia. Mediante este método, los conductistas han podido establecer relaciones causales entre estímulos y respuestas, aportando evidencia empírica para sus teorías.

Los conductistas han utilizado ampliamente experimentos de condicionamiento operante para validar su comprensión del comportamiento. Estos experimentos implican el refuerzo o castigo sistemático de conductas específicas para moldearlas y modificarlas con el tiempo. Los datos empíricos derivados de estos experimentos han contribuido al establecimiento de principios como los programas de reforzamiento, la extinción y el moldeamiento de conductas, todos ellos con aplicaciones prácticas en diversos campos, como la educación, la psicología clínica y la gestión del comportamiento organizacional.

Además de los experimentos de laboratorio, los conductistas también han realizado extensos estudios de campo para observar y documentar comportamientos naturalistas en entornos reales. Al observar y registrar cuidadosamente los comportamientos en su entorno natural, los conductistas han podido comprender mejor la influencia de los factores ambientales en el comportamiento, evitando los sesgos asociados con la introspección y la interpretación subjetiva.

La confianza en la validación empírica ha permitido al conductismo trascender los debates filosóficos y convertirse en una disciplina científica respetada. El énfasis en datos cuantificables y resultados experimentales replicables ha elevado al conductismo a una posición destacada dentro de la psicología, ofreciendo contribuciones tangibles a nuestra comprensión del comportamiento y la cognición humanos.

8. Contribuciones a la ciencia desde la derivación de la conciencia:

La omisión de la consciencia en el estudio psicológico ha generado importantes contribuciones al campo de la ciencia. Al centrarse en comportamientos observables y respuestas medibles, los investigadores han podido aplicar métodos experimentales rigurosos y validación empírica a sus estudios. Este cambio ha permitido el desarrollo de hallazgos objetivos y replicables, lo que aumenta la credibilidad y fiabilidad de la investigación psicológica. Como resultado, la comunidad científica ha obtenido valiosos conocimientos sobre diversos aspectos del comportamiento y la cognición humanos, lo que ha impulsado avances en numerosos subcampos de la psicología.

Una de las principales ventajas de eludir la consciencia es la capacidad de realizar experimentos controlados y manipular variables sin la influencia de la introspección subjetiva. Este enfoque ha facilitado la identificación de relaciones causales entre estímulos específicos y respuestas conductuales, lo que permite a los investigadores formular teorías y modelos sólidos. Además, el énfasis en los procesos no conscientes ha fomentado la colaboración interdisciplinaria, en particular con neurocientíficos y psicólogos cognitivos, lo que ha llevado a una comprensión más completa de los mecanismos subyacentes que impulsan el comportamiento humano.

Al excluir la dependencia de las experiencias subjetivas y los estados mentales internos, el estudio de los procesos no conscientes ha proporcionado aplicaciones prácticas en diversos ámbitos, como la psicología clínica, el comportamiento organizacional y el comportamiento del consumidor. Por ejemplo, los principios derivados de los estudios no conscientes han sido fundamentales para diseñar intervenciones eficaces de modificación de la conducta, mejorar los procesos de toma de decisiones y comprender el impacto de las señales ambientales en el comportamiento humano.

Además, la elusión de la consciencia ha contribuido al desarrollo de metodologías de investigación innovadoras y avances tecnológicos. Desde sofisticadas técnicas de neuroimagen hasta experimentos conductuales en entornos controlados, los investigadores han aprovechado el poder de los procesos no conscientes para descubrir principios fundamentales del comportamiento y la cognición humanos. Esto ha allanado el camino para descubrimientos revolucionarios y marcos teóricos que siguen moldeando el panorama de la psicología contemporánea.

9. Comparación de estudios conscientes y no conscientes:

Los estudios conscientes, basados en la introspección y la autoevaluación subjetiva, han dominado históricamente la psicología, aportando valiosos conocimientos sobre la cognición y el comportamiento humanos. Sin embargo, la preocupación por la objetividad y la fiabilidad ha propiciado un cambio de paradigma hacia los estudios no conscientes, que priorizan las conductas observables y los datos empíricos. El análisis comparativo revela claras ventajas y limitaciones asociadas a estos enfoques divergentes. Los estudios conscientes ofrecen datos introspectivos profundos que arrojan luz sobre las experiencias individuales y las percepciones subjetivas; por el contrario, los estudios no conscientes proporcionan evidencia tangible y replicable mediante experimentación controlada. Si bien los estudios conscientes pueden descubrir matices en la conciencia humana, los estudios no conscientes ofrecen hallazgos de aplicación más universal debido a su dependencia de fenómenos externos observables. La evaluación crítica de ambos paradigmas lleva al reconocimiento de que una integración equilibrada de las metodologías conscientes e inconscientes es esencial para una investigación psicológica integral. Además, el avance hacia la incorporación de métodos interdisciplinarios, incluidos los análisis neurocientíficos y conductuales, resalta el valor de sintetizar diversos enfoques para avanzar en la comprensión psicológica.

10. Las implicaciones a largo plazo para la psicología:

El abandono de la consciencia como enfoque central en el estudio psicológico ha abierto nuevos horizontes y posibilidades para el campo. Esta reorientación estratégica ha propiciado avances significativos en la comprensión del comportamiento y las emociones humanas desde una perspectiva empírica, ya que permite a los investigadores profundizar en fenómenos observables que pueden medirse y comprobarse con fiabilidad. Al enfatizar el estudio de las conductas y reacciones manifiestas, la psicología ha podido establecer hallazgos más concretos y reproducibles, alejándose de la naturaleza subjetiva de la introspección hacia un enfoque más empírico y objetivo. Como resultado, este cambio ha tenido un profundo impacto en diversas áreas de la psicología, como la psicología clínica, la psicología cognitiva y la psicología social.

Una de las implicaciones a largo plazo de redirigir el enfoque desde la consciencia es el potencial de intervenciones terapéuticas más efectivas y basadas en la evidencia. Al priorizar las conductas observables y medibles, los psicólogos pueden desarrollar intervenciones específicas basadas en datos empíricos, lo que resulta en resultados más exitosos para las personas que buscan apoyo en salud mental. Además, este cambio ha contribuido al desarrollo y perfeccionamiento de las terapias conductuales, que han demostrado una eficacia notable en el tratamiento de una amplia gama de trastornos psicológicos.

La tendencia hacia los estudios no conscientes también ha impulsado avances en la comprensión de la influencia de los factores ambientales en el comportamiento. Este énfasis ha permitido a los investigadores explorar cómo los estímulos externos y los desencadenantes ambientales moldean las respuestas humanas sin la interferencia de los procesos conscientes. Las implicaciones de esto van más allá de la terapia individual y se extienden a campos como la psicología organizacional, donde una comprensión más profunda del condicionamiento conductual puede fundamentar estrategias para promover una cultura organizacional positiva y la productividad.

Al eludir las complejidades de la consciencia, la psicología ha logrado avances significativos en la comprensión y la gestión de los sesgos y prejuicios inconscientes. Esto tiene profundas implicaciones para la psicología social, ya que proporciona un marco para abordar problemas sociales relacionados con la discriminación y la desigualdad. Al centrarse en las conductas y respuestas observables, la psicología puede desarrollar estrategias más eficaces para mitigar el impacto de los sesgos implícitos en diversos contextos, fomentando la inclusión y la equidad.

El impacto del medio ambiente sobre los rasgos heredados

1. Introducción al debate naturaleza versus crianza:

El debate entre naturaleza y crianza ha sido un tema polémico y de larga data en el campo de la psicología, que enfrenta los factores biológicos innatos con las influencias ambientales como el principal determinante del comportamiento y los procesos mentales humanos. Los orígenes de este debate se remontan a antiguas tradiciones filosóficas, con pensadores notables como Platón y Aristóteles que deliberaron sobre el papel de la herencia y el entorno en la formación de las características individuales. Este discurso se prolongó a lo largo de los siglos, adquiriendo nuevas perspectivas y dimensiones con los avances del conocimiento científico y la investigación empírica. El debate cobró renovada atención en el ámbito de la psicología moderna, donde académicos e investigadores han buscado desentrañar la interacción entre las predisposiciones genéticas y las influencias externas. Con el surgimiento de la genética del comportamiento, el debate se intensificó, y los defensores de cada perspectiva presentaron evidencia convincente para sustentar sus respectivas afirmaciones. El atractivo del debate entre naturaleza y crianza reside en sus profundas implicaciones para la comprensión del desarrollo, la cognición y el comportamiento humanos, y su relevancia trasciende el discurso académico, permeando las actitudes sociales y las consideraciones de política pública. Es importante reconocer que este debate no se limita a una oposición binaria; más bien, abarca un espectro de interacciones entre factores biológicos y ambientales, donde es imperativo un análisis matizado para una comprensión integral. En la psicología contemporánea, las investigaciones interdisciplinarias han arrojado luz sobre las complejas dinámicas interaccionales que sustentan los rasgos y tendencias humanos, abogando por perspectivas holísticas que abarcan las contribuciones multifacéticas tanto de la naturaleza como de la crianza.

2. Perspectivas históricas sobre las influencias ambientales:

Pensadores pioneros como John Locke y Jean-Jacques Rousseau sentaron las bases para el debate sobre el papel de las influencias ambientales en el desarrollo humano. Las perspectivas empiristas de Locke enfatizaban la importancia de las experiencias externas y los estímulos sensoriales en la formación del carácter individual, en contraste con las creencias románticas de Rousseau sobre la pureza inherente de la naturaleza humana antes de la corrupción social. Estas perspectivas fundamentales sentaron las bases para una mayor exploración de los determinantes ambientales del comportamiento humano. La Revolución Industrial y la urbanización durante los siglos XVIII y XIX también llamaron la atención sobre el impacto de las condiciones ambientales en la salud mental, impulsando reformas en las políticas e instituciones sociales. Cabe destacar que el trabajo pionero de reformadoras como Dorothea Dix y Clara Barton destacó los efectos perjudiciales de las malas condiciones de vida en el bienestar psicológico, abogando así por la mejora de los estándares ambientales. Este contexto histórico demuestra la preocupación por las influencias ambientales en el comportamiento humano en diversos ámbitos sociales. Además, las teorías evolutivas de Charles Darwin impulsaron aún más la investigación de la importancia adaptativa de las interacciones ambientales. La teoría de la selección natural de Darwin subrayó el papel crucial del medio ambiente en la determinación de la supervivencia y el éxito reproductivo de las especies, influyendo posteriormente en las perspectivas de los primeros psicólogos. A principios del siglo XX surgió el conductismo, en el que académicos como John B. Watson y B. F. Skinner dirigieron su atención hacia las conductas observables y los estímulos ambientales, haciendo hincapié en los procesos de condicionamiento que subyacen a las acciones humanas. Este cambio de enfoque, desde los procesos mentales internos hacia las influencias ambientales externas, marcó un período crucial en el estudio de las influencias ambientales.

3. Fundamentos experimentales - Estudios y hallazgos clave:

Mediante experimentos controlados y un riguroso análisis de datos, los investigadores se han esforzado por desentrañar la relación entre los determinantes ambientales y los resultados conductuales. Un estudio fundamental que ha contribuido significativamente a nuestra comprensión del impacto ambiental es el Estudio de Familias Gemelas de Minnesota. Iniciado en 1989, esta investigación longitudinal tuvo como objetivo evaluar la influencia relativa de los factores genéticos y ambientales en diversos rasgos y comportamientos. Mediante el análisis de datos de gemelos criados en diferentes entornos, el estudio subrayó el profundo impacto de los determinantes ambientales en diversos aspectos del desarrollo, desde las capacidades cognitivas hasta los rasgos de personalidad. Estos hallazgos destacaron el papel crucial de los factores ambientales en la configuración de las diferencias individuales.

La investigación fundamental del Dr. John B. Watson, considerado el padre del conductismo, demostró la potente influencia del entorno mediante su famoso experimento del Pequeño Albert. Al condicionar una respuesta de miedo en un niño pequeño, Watson demostró cómo los estímulos ambientales podían influir significativamente en las reacciones emocionales y conductuales, destacando así la maleabilidad del comportamiento humano bajo las influencias ambientales.

Otro estudio fundamental que merece consideración es el experimento de Harlow con monos. Esta exploración del apego y la socialización en crías de monos rhesus subrayó la importancia de los factores sociales y ambientales en la formación de vínculos emocionales y resultados del desarrollo. Al comprender el profundo impacto de los entornos enriquecedores en el bienestar emocional de los monos, este estudio arrojó luz sobre el papel crucial de las interacciones sociales y el enriquecimiento ambiental para fomentar un desarrollo psicológico saludable.

Los estudios sobre adopción realizados por psicólogos del desarrollo han aportado información invaluable sobre la interacción entre las predisposiciones genéticas y los factores ambientales. El análisis de los resultados conductuales de las personas adoptadas en comparación con sus padres biológicos y adoptivos ha dilucidado la compleja dinámica de la herencia y las influencias ambientales, destacando aún más el impacto sustancial de los determinantes ambientales en los rasgos y tendencias individuales.

4. Determinantes ambientales del comportamiento:

El entorno abarca un amplio espectro de influencias, desde las estructuras familiares y sociales hasta los valores culturales y el entorno físico. Estos factores multifacéticos moldean profundamente a los individuos, ejerciendo un impacto sustancial en sus patrones de comportamiento y desarrollo psicológico. Los determinantes ambientales del comportamiento se basan en el concepto de que los estímulos y las experiencias externas desempeñan un papel fundamental en la configuración de la personalidad, las emociones y los procesos cognitivos de un individuo.

La influencia generalizada del entorno se hace particularmente evidente al observar a individuos criados en diversos contextos culturales y socioeconómicos. Las variaciones en la crianza, la exposición a diferentes sistemas de valores y el acceso a los recursos moldean profundamente las tendencias de comportamiento y la adaptabilidad de los individuos. Además, los determinantes ambientales se extienden más allá del entorno social inmediato para abarcar factores ecológicos y sociales más amplios. Por ejemplo, estudios han demostrado cómo los entornos urbanos, en comparación con los rurales, pueden afectar significativamente los niveles de estrés, los mecanismos de afrontamiento y el bienestar psicológico general.

El impacto de los determinantes ambientales está vinculado al proceso de socialización, ya que las personas aprenden normas de comportamiento, estilos de comunicación y expresiones emocionales a través de sus interacciones con el entorno. Este proceso de aprendizaje suele ocurrir de forma implícita, ya que las personas absorben señales e información de su entorno, internalizando y exhibiendo así las conductas aprendidas en diversas situaciones.

Un aspecto esencial de la investigación de los determinantes ambientales del comportamiento implica explorar el concepto de plasticidad: la capacidad de los individuos para adaptarse a diversas condiciones ambientales. La hipótesis de la plasticidad ambiental afirma que el comportamiento humano posee un notable grado de adaptabilidad, lo que permite a los individuos adaptarse y aclimatarse a diversos desafíos y estímulos ambientales. Ya sea examinando los efectos del trauma infantil, las disparidades socioeconómicas o la asimilación cultural, reconocer la plasticidad del comportamiento humano subraya la naturaleza dinámica de la relación entre la experiencia individual y el impacto ambiental.

Cabe destacar que la investigación contemporánea profundiza en la neuroplasticidad, dilucidando cómo el cerebro responde y se adapta a las influencias ambientales mediante la reorganización sináptica y los cambios funcionales. Estos conocimientos subrayan los mecanismos neurológicos que sustentan la profunda influencia del entorno en los patrones de comportamiento, la cognición y las respuestas emocionales. Comprender estos mecanismos ofrece valiosas implicaciones para las intervenciones terapéuticas, las estrategias educativas y las iniciativas de política social destinadas a fomentar entornos óptimos para el bienestar psicológico y el crecimiento personal.

5. El papel del aprendizaje en la formación de la personalidad:

La personalidad, como constructo complejo y multifacético, se ve influenciada por diversos factores, siendo el aprendizaje un determinante fundamental en su desarrollo y manifestación. A lo largo de la vida, las personas experimentan diversas experiencias y estímulos que contribuyen a la adquisición y adaptación de comportamientos considerados característicos de su personalidad.

Para comprender el desarrollo de la personalidad, es fundamental el concepto de aprendizaje social, que enfatiza el impacto del modelado, la observación y el refuerzo en la configuración de las conductas y características individuales. El trabajo pionero de Bandura sobre la teoría cognitiva social reveló el influyente papel del aprendizaje observacional, destacando cómo los individuos emulan e internalizan las conductas y rasgos que observan en los demás. Además, los principios del condicionamiento operante explican cómo los refuerzos y los castigos contribuyen al establecimiento y la modificación de los rasgos de personalidad, destacando el papel crucial de las consecuencias en la configuración del comportamiento individual.

El proceso de condicionamiento clásico dilucida las asociaciones aprendidas entre los estímulos ambientales y las respuestas emocionales, destacando cómo las experiencias pasadas y las señales ambientales pueden influir en la reactividad emocional de un individuo y, en consecuencia, en la expresión de su personalidad. Estas asociaciones aprendidas no solo moldean las respuestas conductuales, sino que también contribuyen al desarrollo de las proclividades y aversiones individuales, influyendo así en la personalidad general.

Además, no se puede subestimar el papel de los procesos cognitivos en el desarrollo de la personalidad. La interpretación de las experiencias, la atribución de significado y la reestructuración cognitiva desempeñan un papel fundamental en la formación del autoconcepto y las tendencias conductuales de un individuo. Por lo tanto, el impacto del aprendizaje en la personalidad va más allá de las meras manifestaciones conductuales y abarca dimensiones cognitivas y afectivas, lo que ilustra la profunda influencia de los estímulos ambientales en la complejidad de la personalidad individual.

En última instancia, la relación entre aprendizaje y personalidad subraya la naturaleza dinámica y adaptativa del comportamiento humano, afirmando la influencia multifacética de los factores ambientales en el desarrollo matizado de los rasgos y disposiciones individuales.

6. Interacción entre el entorno y las etapas del desarrollo:

La interacción entre el entorno y las etapas del desarrollo es un tema de profunda importancia para comprender las complejidades del comportamiento humano. Las etapas del desarrollo abarcan períodos cruciales de crecimiento y cambio, cada uno de los cuales presenta oportunidades únicas para que las influencias ambientales moldeen los rasgos y características individuales. Durante estas fases formativas, factores ambientales como la dinámica familiar, las condiciones socioeconómicas, la formación cultural y las experiencias educativas desempeñan un papel fundamental en la formación de la personalidad, la cognición y la regulación emocional de un individuo.

La primera infancia, a menudo considerada una etapa fundamental del desarrollo humano, es particularmente susceptible a la influencia del entorno. Esta etapa sienta las bases para habilidades cognitivas y sociales cruciales, y la capacidad de respuesta a estímulos externos configura las conexiones neuronales y los patrones de comportamiento. La calidad del cuidado, la exposición al lenguaje y la existencia de relaciones enriquecedoras influyen significativamente en la capacidad del niño para formar vínculos seguros y desarrollar resiliencia emocional.

A medida que los niños progresan en la adolescencia, la interacción dinámica entre la maduración biológica y los factores ambientales se hace cada vez más evidente. Las relaciones con los compañeros, las expectativas sociales y el acceso a oportunidades educativas pueden influir profundamente en la autoestima, la formación de la identidad y el razonamiento moral. Además, los diferentes niveles de exposición a factores estresantes, traumas o recursos de apoyo pueden afectar significativamente el bienestar emocional y las estrategias de afrontamiento adaptativas del adolescente.

En la transición a la edad adulta, las personas continúan viéndose afectadas por las fuerzas ambientales a medida que avanzan en sus estudios, sus elecciones profesionales y sus interacciones sociales. El entorno, que incluye la cultura laboral, la dinámica comunitaria y el acceso a los recursos, moldea las aspiraciones vocacionales, las dinámicas interpersonales y la satisfacción general con la vida. Además, los efectos acumulativos de las exposiciones ambientales a lo largo de la vida contribuyen al desarrollo de la resiliencia o la vulnerabilidad a los problemas de salud mental y la regulación emocional.

Comprender la interacción entre el entorno y las etapas del desarrollo es fundamental para delinear las vías multifacéticas a través de las cuales las personas adquieren patrones de comportamiento y disposiciones emocionales. Al reconocer la influencia matizada del entorno en diferentes etapas del desarrollo, investigadores y profesionales pueden desarrollar enfoques holísticos para promover el bienestar psicológico y el funcionamiento adaptativo a lo largo de la vida.

7. Predisposiciones genéticas versus condicionamiento ambiental:

El debate en torno a los impactos relativos de las predisposiciones genéticas y el condicionamiento ambiental en el comportamiento humano ha sido un foco central de la investigación psicológica. Mientras que las predisposiciones genéticas son rasgos inherentes que los individuos heredan de sus padres, el condicionamiento ambiental se refiere a la influencia de factores externos en el desarrollo conductual y emocional de un individuo. Esta dicotomía ha suscitado numerosos estudios y debates en el campo de la psicología, a medida que los investigadores buscan desentrañar la interacción entre la naturaleza y la crianza.

Comprender hasta qué punto los factores genéticos influyen en el comportamiento de un individuo es una tarea compleja. Las predisposiciones genéticas abarcan una amplia gama de características, desde atributos físicos hasta temperamentos y rasgos de personalidad. Es fundamental reconocer el papel fundamental que desempeña la genética en la formación de las predisposiciones de un individuo, lo cual puede influir significativamente en su susceptibilidad a ciertos patrones de comportamiento o trastornos psicológicos.

El concepto de condicionamiento ambiental destaca el profundo impacto de los factores externos en la configuración del repertorio conductual de un individuo. Las influencias ambientales, como la crianza, las normas culturales, las interacciones sociales y las experiencias, contribuyen al desarrollo de los procesos cognitivos y emocionales. Se ha comprobado que la crianza desempeña un papel fundamental en la determinación y modificación del comportamiento de un individuo, especialmente durante los períodos críticos del desarrollo.

La interacción entre las predisposiciones genéticas y el condicionamiento ambiental da lugar a la complejidad del comportamiento humano. Si bien los factores genéticos propician ciertas propensiones, el entorno puede exacerbarlas o mitigarlas mediante diversos mecanismos. Por ejemplo, una persona con predisposición genética a la ansiedad puede presentar síntomas más intensos si se expone a un entorno altamente estresante, mientras que un entorno de apoyo y cuidado podría ayudar a aliviar la manifestación de conductas relacionadas con la ansiedad.

La investigación en genética del comportamiento ha mejorado nuestra comprensión de esta dinámica al explorar la heredabilidad de rasgos específicos y el grado en que los factores ambientales los modulan. Estudios longitudinales que siguen a individuos desde la primera infancia hasta la edad adulta han proporcionado información valiosa sobre la interacción a lo largo de la vida entre las predisposiciones genéticas y las influencias ambientales. Estos estudios han demostrado que, si bien los factores genéticos contribuyen a la base de las diferencias individuales, las experiencias ambientales moldean y moldean continuamente el comportamiento a lo largo del tiempo.

8. Estudios longitudinales en adaptación conductual:

Los estudios longitudinales, que a menudo abarcan varios años o décadas, han sido fundamentales para desentrañar la compleja interacción entre la genética y los factores ambientales en la configuración del comportamiento y la adaptación individual. Estas extensas investigaciones permiten el seguimiento de individuos a lo largo del tiempo, lo que proporciona información valiosa sobre cómo los rasgos y comportamientos evolucionan y se adaptan en respuesta a entornos cambiantes.

Un notable estudio longitudinal, realizado por un equipo de investigadores de una prestigiosa institución académica, siguió a una cohorte de participantes desde la primera infancia hasta la edad adulta. El estudio documentó meticulosamente diversos aspectos de la vida de los participantes, incluyendo sus antecedentes familiares, interacciones sociales, experiencias educativas y trayectorias profesionales. Mediante la recopilación y el análisis meticuloso de datos en múltiples momentos de sus vidas, los investigadores pudieron discernir patrones de adaptación conductual y resiliencia ante los desafíos ambientales.

Los hallazgos de estos estudios longitudinales subrayan la naturaleza dinámica de la adaptación humana, destacando el profundo impacto de las influencias ambientales en las trayectorias conductuales de los individuos. Por ejemplo, los investigadores observaron que las personas expuestas a entornos infantiles adversos, caracterizados por negligencia o maltrato, mostraron diversos grados de resiliencia y vulnerabilidad a medida que avanzaban hacia la adolescencia y la edad adulta. La complejidad de estos efectos a largo plazo pone de manifiesto la importancia crucial de la intervención temprana y los mecanismos de apoyo para fomentar resultados conductuales positivos.

Los estudios longitudinales han contribuido a esclarecer la contribución relativa de las predisposiciones genéticas y las exposiciones ambientales a los resultados conductuales. Al examinar sistemáticamente el desarrollo de rasgos y comportamientos específicos a lo largo del tiempo, los investigadores han delineado la profunda influencia de los contextos ambientales en la amplificación o mitigación de las propensiones genéticas. Esta comprensión matizada tiene implicaciones significativas para el diseño de intervenciones y estrategias específicas que promuevan comportamientos adaptativos y mitiguen los posibles impactos perjudiciales de entornos adversos.

Además, estudios longitudinales han revelado hitos clave del desarrollo y períodos sensibles durante los cuales los estímulos ambientales ejercen una influencia máxima en la adaptación conductual. Comprender estas ventanas críticas de susceptibilidad fundamenta los esfuerzos para implementar intervenciones oportunas y personalizadas que aprovechen la receptividad de las personas a los estímulos ambientales positivos.

En conclusión, a través de una observación y un análisis meticulosos, estos estudios ofrecen una profundidad incomparable en la comprensión de las complejidades de la interacción genético-ambiental y ofrecen una guía vital para formular intervenciones basadas en evidencia destinadas a fomentar la resiliencia y los comportamientos adaptativos frente a diversos desafíos ambientales.

MECANISMOS DEL CONDICIONAMIENTO EMOCIONAL

Condicionamiento clásico - Procesos fundamentales

1. Pioneros y experimentos clave:

Además de Iván Pávlov, el padre del condicionamiento clásico, ya mencionado en este libro, algunos psicólogos contribuyeron al desarrollo y perfeccionamiento de esta teoría con sus ideas. Una de estas figuras es Robert Rescorla, cuya investigación fundamental enfatizó la importancia de la contingencia y la expectativa en el aprendizaje asociativo. A través de sus investigaciones, Rescorla demostró que la predictibilidad de un estímulo incondicionado tras un estímulo condicionado influye profundamente en la fuerza y la persistencia del condicionamiento. Su trabajo dilucidó la naturaleza matizada de las relaciones entre estímulos, cuestionando las suposiciones previas sobre la naturaleza determinista del condicionamiento clásico. Al reenfocar la atención en el papel de los procesos cognitivos en el condicionamiento, las contribuciones de Rescorla ampliaron el marco teórico de la psicología conductual e impulsaron nuevas direcciones en la investigación y la teoría.

Por otra parte, Mary Cover Jones también realizó avances notables al aplicar los principios del condicionamiento clásico en intervenciones terapéuticas, en particular en el tratamiento de fobias. Su trabajo compasivo y metódico con Peter, un niño con fobia severa a los conejos, demostró la eficacia de la desensibilización sistemática, una técnica que exponía gradualmente a las personas a los estímulos temidos, a la vez que promovía la relajación. La aplicación pionera de Jones del condicionamiento clásico como medio para tratar las respuestas emocionales desadaptativas es emblemática del profundo impacto de la investigación psicológica en ámbitos prácticos.

2. Mecanismos de asociación de estímulos:

El proceso de asociación de estímulos subyace a la formación de una respuesta emocional a un estímulo previamente neutro. Este mecanismo implica el emparejamiento de un estímulo incondicionado (EI), que naturalmente provoca una respuesta específica, con un estímulo neutro (EN) que inicialmente no provoca la misma respuesta. Mediante emparejamientos repetidos, el EN se convierte en un estímulo condicionado (EC) capaz de provocar una respuesta similar a la del EI. Uno de los mecanismos clave que subyace a esta asociación es la contigüidad temporal entre la presentación del EN y el EI. Cuanto más cercano sea el emparejamiento en el tiempo, más fuerte será la asociación. Además, la previsibilidad del EN que precede al EI aumenta la fuerza de la asociación. Este valor predictivo permite la naturaleza anticipatoria de la respuesta condicionada.

Además, el concepto de relevancia del estímulo es crucial para comprender los mecanismos de asociación. No todos los estímulos tienen la misma probabilidad de asociarse, y factores como la preparación biológica y la atención desempeñan un papel fundamental a la hora de determinar qué estímulos formarán asociaciones sólidas. Los estímulos biológicamente preparados son aquellos que, por su propia naturaleza, tienen mayor probabilidad de vincularse con ciertas respuestas debido a su importancia evolutiva y para la supervivencia. Además, los procesos atencionales mejoran la probabilidad de formar una asociación al aumentar la relevancia perceptual de los estímulos involucrados. La atención centra los recursos cognitivos en los estímulos relevantes, lo que permite un aprendizaje y una asociación más eficaces.

Comprender los mecanismos neuronales que subyacen a la asociación de estímulos es otro aspecto importante de este proceso. Las regiones cerebrales implicadas en la asociación de estímulos, como la amígdala y el hipocampo, desempeñan un papel vital en la codificación del significado emocional de los estímulos, la consolidación de las asociaciones aprendidas y la recuperación de las respuestas condicionadas al encontrarse con el EC. Los sistemas de neurotransmisores, en particular los que involucran la dopamina y la serotonina, modulan la intensidad de las asociaciones y la expresión de las respuestas condicionadas.

Investigaciones recientes se han centrado en el papel de los procesos cognitivos de orden superior, como la expectativa y el condicionamiento evaluativo, en la configuración de los mecanismos de asociación de estímulos. La expectativa se refiere a la anticipación del ECP tras el EC, y las variaciones en la expectativa pueden dar lugar a diferentes patrones de condicionamiento. El condicionamiento evaluativo, por otro lado, implica la transferencia del valor emocional de un estímulo a otro mediante procesos de aprendizaje asociativo, lo que produce cambios en la significación emocional del EC. Comprender estos procesos de orden superior proporciona una visión más completa de la complejidad de la asociación de estímulos en el condicionamiento clásico.

3. Fases del condicionamiento:

En el condicionamiento clásico, el proceso de aprendizaje se desarrolla en distintas fases, cada una con implicaciones significativas para la conducta. La fase inicial, conocida como adquisición, implica la asociación entre un estímulo neutro y un estímulo incondicionado. Esta fase se caracteriza por el fortalecimiento gradual de la respuesta condicionada a medida que el estímulo neutro se convierte en un predictor fiable del estímulo incondicionado. Los fenómenos de adquisición ponen de relieve el principio fundamental de contingencia, según el cual la ocurrencia del estímulo incondicionado depende de la presencia del estímulo condicionado. Comprender los mecanismos precisos que subyacen a la adquisición es crucial para comprender cómo se forman y consolidan las nuevas respuestas emocionales.

La extinción, la fase subsiguiente, implica la disminución de la respuesta condicionada cuando el estímulo condicionado se presenta sin el estímulo incondicionado. Este proceso refleja la reducción del valor predictivo del estímulo condicionado, lo que lleva a la supresión final de la respuesta aprendida. El estudio de la extinción arroja luz sobre el delicado equilibrio entre las asociaciones aprendidas y la modificación del comportamiento en entornos en constante cambio. Además, el estudio de la extinción proporciona información sobre el potencial para inhibir las respuestas emocionales desadaptativas mediante intervenciones dirigidas y terapias de exposición.

Tras la extinción, el fenómeno de la recuperación representa el resurgimiento de la respuesta condicionada tras un período de descanso o tras la reintroducción del estímulo incondicionado. Este resurgimiento plantea interrogantes intrigantes sobre la persistencia de las asociaciones condicionadas y los factores que contribuyen a su resurgimiento. Investigar la recuperación arroja luz sobre la persistencia de las respuestas emocionales condicionadas y las complejidades de su modulación a lo largo del tiempo.

Al examinar exhaustivamente las fases del condicionamiento (adquisición, extinción y recuperación), investigadores y profesionales adquieren una comprensión más detallada de la interacción dinámica entre las señales ambientales y las reacciones emocionales. Además, este conocimiento sienta las bases para desarrollar estrategias eficaces para modificar las respuestas emocionales arraigadas y fomentar el comportamiento adaptativo en individuos en diversos contextos.

4. El papel del tiempo y la frecuencia en el condicionamiento:

La relación temporal precisa entre el estímulo condicionado (EC) y el estímulo incondicionado (EI) es un determinante crítico de la eficacia del condicionamiento. En las etapas iniciales de la adquisición, la contingencia entre el EC y el EI establece los parámetros temporales dentro de los cuales se produce el aprendizaje. El condicionamiento de corto retardo y de traza, donde el inicio del EC precede o se superpone con el inicio del EI, suele asociarse con efectos de condicionamiento robustos debido a la estrecha contigüidad temporal. Estos paradigmas permiten una asociación óptima entre ambos estímulos, facilitando la formación de una respuesta condicionada fuerte.

Por el contrario, el condicionamiento de largo retraso y el condicionamiento retrógrado —caracterizados por una brecha temporal considerable y la presentación del EC tras el EI, respectivamente— tienden a producir resultados de condicionamiento más débiles y menos fiables. El intervalo prolongado entre el EC y el EI disminuye la relevancia de su conexión, lo que impide el establecimiento de una respuesta condicionada robusta. Comprender la dinámica temporal del condicionamiento es fundamental para dilucidar los procesos subyacentes que rigen el aprendizaje asociativo, ofreciendo información sobre cómo la temporalidad influye en la codificación y la recuperación de las asociaciones condicionadas.

La frecuencia de emparejamiento entre el EC y el EI influye profundamente en la tasa de adquisición y la persistencia de las respuestas condicionadas. Los emparejamientos de alta frecuencia, donde el EC precede sistemáticamente al EI, promueven un aprendizaje rápido y un condicionamiento robusto. La exposición repetida a la contingencia EC-EI refuerza la asociación entre los estímulos, consolidando la respuesta condicionada. Por el contrario, los emparejamientos de baja frecuencia pueden resultar en una adquisición más lenta y un condicionamiento más débil, ya que la ocurrencia poco frecuente del emparejamiento EC-EI impide la consolidación de la asociación aprendida.

Las variaciones en los intervalos entre ensayos entre presentaciones sucesivas del EC y el EI pueden modular la eficacia del condicionamiento. Los intervalos óptimos entre estímulos, que reflejan la relación temporal entre el EC y el EI, son fundamentales para configurar las contingencias temporales que sustentan el condicionamiento clásico. Estos intervalos no solo influyen en la intensidad de la respuesta condicionada, sino que también impactan en la capacidad de generalización y discriminación del organismo, delineando así los límites dentro de los cuales se genera la respuesta condicionada.

5. Generalización, discriminación y estímulos compuestos:

La generalización, la discriminación y los estímulos compuestos definen cómo los organismos responden a estímulos similares, diferencian entre estímulos y procesan múltiples estímulos en entornos complejos. La generalización se refiere a la tendencia de una respuesta condicionada a ocurrir no solo al estímulo condicionado original, sino también a otros estímulos similares. Este fenómeno resalta la ampliación de la respuesta para abarcar una gama de estímulos con características compartidas, enfatizando la naturaleza adaptativa del condicionamiento. Sin embargo, la discriminación presenta un aspecto igualmente intrigante de la especificidad de la respuesta, ya que implica la capacidad de diferenciar entre estímulos similares y producir la respuesta condicionada solo al estímulo original, mientras que la oculta a los demás. La interacción entre la generalización y la discriminación subraya la naturaleza del procesamiento de estímulos y la modulación de la respuesta en la conducta condicionada. Además, la introducción de estímulos compuestos ilustra aún más la naturaleza multifacética de la integración de estímulos en el condicionamiento. Cuando dos o más estímulos se presentan juntos para provocar una respuesta, la interacción resultante puede producir resultados conductuales distintos que pueden diferir de las respuestas a estímulos individuales. Comprender los mecanismos de los estímulos compuestos es vital para comprender la complejidad de las situaciones reales donde múltiples señales coexisten e influyen en el comportamiento. Mediante estudios empíricos y marcos teóricos, los investigadores han profundizado en los matices de la generalización, la discriminación y los estímulos compuestos para desentrañar los procesos cognitivos subyacentes y los mecanismos neuronales que rigen estos fenómenos. La exploración de aplicaciones prácticas, como las terapias conductuales y el adiestramiento animal, ha puesto de relieve la importancia de estos conceptos para moldear los paradigmas de aprendizaje e influir en las intervenciones conductuales. Al examinar exhaustivamente la interacción de estos conceptos, surge una comprensión más profunda de la amplitud y profundidad del condicionamiento clásico, lo que arroja luz sobre las formas en que los organismos perciben, procesan y responden a las señales ambientales.

6. Predisposiciones biológicas en el condicionamiento clásico:

El condicionamiento clásico ha aportado importantes conocimientos sobre los mecanismos que subyacen a las asociaciones aprendidas entre estímulos. Sin embargo, un aspecto fascinante del condicionamiento clásico reside en los diversos grados en que los organismos muestran predisposiciones a adquirir ciertas respuestas condicionadas. Estas predisposiciones biológicas desempeñan un papel crucial en la configuración del proceso de aprendizaje y son de especial interés para comprender los fenómenos emocionales y psicológicos.

Un aspecto central del concepto de predisposiciones biológicas en el condicionamiento clásico es la idea de que no todos los estímulos tienen la misma probabilidad de asociarse con respuestas específicas. Los psicólogos evolucionistas han propuesto que la predisposición a formar ciertas asociaciones puede vincularse con la ventaja de supervivencia que otorga el aprendizaje rápido de estímulos potencialmente dañinos o beneficiosos. Por ejemplo, la investigación sobre el condicionamiento del miedo en animales ha demostrado que el condicionamiento aversivo a estímulos como serpientes o arañas ocurre con mayor facilidad que a estímulos neutrales, lo que sugiere una predisposición evolutiva a responder a señales relacionadas con la amenaza.

Estudios sobre el condicionamiento de la aversión al sabor han revelado que los organismos son más propensos a desarrollar aversión a sabores novedosos que a imágenes o sonidos novedosos, lo que pone de relieve la influencia de las presiones evolutivas en el aprendizaje. Este fenómeno concuerda con la importancia adaptativa de asociar rápidamente nuevos sabores con una posible toxicidad, lo que aumenta la probabilidad de supervivencia.

Además de las consideraciones evolutivas, los investigadores han profundizado en los fundamentos neurobiológicos de las predisposiciones biológicas en el condicionamiento clásico. Los hallazgos de estudios de neuroimagen y experimentos con modelos animales han descubierto vías neuronales y sistemas de neurotransmisores que confieren una susceptibilidad diferencial a las asociaciones condicionadas. Por ejemplo, la amígdala, una estructura clave involucrada en el procesamiento emocional, se ha relacionado con la rápida adquisición de respuestas de miedo ante estímulos evolutivamente relevantes.

La interacción entre los factores genéticos y las influencias ambientales en la configuración de las predisposiciones al condicionamiento clásico ha suscitado interés. Estudios con gemelos y experimentos de eliminación genética han aportado evidencia de que los componentes hereditarios influyen en la probabilidad de formar respuestas condicionadas específicas, lo que arroja luz sobre la compleja interacción entre las predisposiciones genéticas y los factores experienciales en el aprendizaje.

Comprender las predisposiciones biológicas en el condicionamiento clásico tiene implicaciones para diversos ámbitos, como la psicología clínica, la educación y las intervenciones conductuales. Al reconocer las diferencias inherentes en la propensión de los individuos a adquirir ciertas asociaciones, se pueden adaptar enfoques personalizados de intervenciones terapéuticas y estrategias educativas para adaptarse mejor a diversos perfiles de aprendizaje. Además, el conocimiento de las predisposiciones biológicas contribuye a una comprensión más amplia de cómo los factores ambientales y genéticos interactúan en la configuración de las respuestas conductuales y emocionales, ofreciendo una perspectiva matizada sobre las complejidades del aprendizaje humano y animal.

7. Respuestas emocionales provocadas por el condicionamiento:

Las respuestas emocionales generadas mediante el condicionamiento representan una fascinante intersección de procesos psicológicos y fisiológicos. El condicionamiento clásico, en particular, ha aportado una perspectiva significativa sobre cómo los individuos desarrollan reacciones emocionales a estímulos específicos con base en sus experiencias de aprendizaje asociativo. El concepto de prominencia emocional es central en el debate, según el cual ciertos estímulos adquieren una mayor significación emocional al asociarse repetidamente con estímulos incondicionados. Por ejemplo, el caso clásico de los perros de Pávlov demuestra cómo estímulos neutros, como el sonido de una campana, pueden asociarse con la entrega de comida, evocando finalmente una respuesta condicionada de salivación anticipada. Este proceso ilustra cómo se pueden generar respuestas emocionales mediante asociaciones aprendidas, lo que facilita una mejor comprensión de cómo los individuos desarrollan miedos, fobias y otras reacciones emocionales en su entorno.

El papel del contexto en la configuración de las respuestas emocionales es fundamental. Las señales ambientales que acompañan a los estímulos condicionados contribuyen a la solidez y especificidad del condicionamiento emocional, influyendo en cuándo y cómo se expresan estas respuestas. Comprender las influencias contextuales en el condicionamiento emocional proporciona información valiosa sobre la naturaleza adaptativa de las respuestas emocionales y las posibles vías para intervenciones específicas en casos de reacciones emocionales desadaptativas.

Es fundamental profundizar en las implicaciones del condicionamiento emocional para la regulación emocional y la psicopatología. Al dilucidar los procesos mediante los cuales se generan y modulan las respuestas emocionales mediante el condicionamiento, investigadores y profesionales adquieren conocimientos prácticos para enfoques terapéuticos destinados a mitigar el impacto de las experiencias de condicionamiento aversivo. Además, esta exploración abre nuevas vías para examinar cómo el condicionamiento emocional se relaciona con las diferencias individuales, los factores de desarrollo y los contextos socioculturales para moldear la diversidad de respuestas emocionales observadas en diferentes poblaciones.

8. Desafíos y críticas:

En lo que respecta al condicionamiento clásico, una de las principales críticas gira en torno a la simplificación excesiva de fenómenos emocionales complejos. Los críticos argumentan que la naturaleza determinista del condicionamiento clásico no tiene en cuenta las complejidades de las emociones humanas, que a menudo se ven influenciadas por factores cognitivos, sociales y culturales. Además, el enfoque en los estímulos y respuestas observables ignora las experiencias subjetivas y los procesos mentales internos que configuran el comportamiento emocional. Otro desafío se refiere a la generalización de los hallazgos de entornos controlados de laboratorio a contextos del mundo real. Los críticos afirman que la artificialidad de las condiciones experimentales limita la aplicabilidad de los principios del condicionamiento clásico a entornos naturales, donde las emociones están sujetas a influencias multifacéticas. Asimismo, surgen consideraciones éticas sobre el uso de técnicas de condicionamiento aversivo, como la inducción del miedo, y el posible daño psicológico que puede causar. Los críticos plantean inquietudes sobre las implicaciones de explotar la vulnerabilidad emocional con fines experimentales, enfatizando la necesidad de un trato responsable y humano a los participantes. Asimismo, las críticas contemporáneas señalan las limitaciones del condicionamiento clásico para explicar las diferencias individuales en la reactividad y la resiliencia emocional. El enfoque universal del condicionamiento clásico ignora la diversa composición psicológica de los individuos, lo que plantea interrogantes sobre la universalidad de las respuestas emocionales condicionadas. Además, se ha cuestionado la estabilidad temporal de las reacciones emocionales condicionadas, y algunos investigadores argumentan que la durabilidad de dichas respuestas podría ser menor de lo que se suponía. Estas críticas impulsan una reevaluación del alcance y la aplicabilidad del condicionamiento clásico para comprender las complejidades del comportamiento emocional. Abordar estos desafíos requiere un enfoque integrador que considere la interacción de factores biológicos, psicológicos y sociales en la configuración de las respuestas emocionales. Esto requiere una transición hacia la investigación interdisciplinaria que abarque los procesos cognitivos y afectivos, enriqueciendo así nuestra comprensión de los mecanismos subyacentes a las emociones humanas.

9. Implicaciones para la comprensión del comportamiento emocional:

El condicionamiento clásico tiene implicaciones significativas para la comprensión del comportamiento emocional y la psicología humana. Una implicación clave se refiere a la formación y modificación de las respuestas emocionales. Mediante el condicionamiento clásico, las personas pueden desarrollar reacciones emocionales condicionadas a estímulos previamente neutrales, un proceso que sustenta la adquisición de miedos, fobias y otras asociaciones emocionales. Comprender estos mecanismos es crucial para abordar las conductas emocionales desadaptativas y diseñar intervenciones adecuadas para aliviar el malestar emocional.

El condicionamiento clásico ofrece perspectivas sobre el papel del contexto y las señales ambientales en la configuración de las experiencias emocionales. El estudio del condicionamiento contextual subraya el impacto influyente de los factores situacionales en la reactividad emocional y las respuestas afectivas. Esto tiene profundas implicaciones para las personas que enfrentan ansiedad, estrés o trauma, ya que destaca el potencial de las modificaciones ambientales para mitigar los desencadenantes emocionales negativos y promover el bienestar emocional.

Una implicación adicional reside en el ámbito de las intervenciones terapéuticas y la modificación de la conducta. Partiendo de los principios del condicionamiento clásico, los profesionales clínicos y psicólogos pueden emplear la desensibilización sistemática, la terapia de aversión y los tratamientos basados en la exposición para abordar los trastornos emocionales y las conductas desadaptativas. Al aprovechar los procesos de extinción y recondicionamiento, estas intervenciones buscan modificar las respuestas emocionales y facilitar estrategias de afrontamiento adaptativas en personas que enfrentan desafíos emocionales.

El análisis de las predisposiciones biológicas en el condicionamiento clásico arroja luz sobre la interacción entre las influencias genéticas y el aprendizaje emocional. Comprender cómo ciertas personas pueden estar más predispuestas a desarrollar respuestas condicionadas específicas proporciona información valiosa sobre la heterogeneidad de los comportamientos emocionales y fundamenta enfoques personalizados para la regulación y el tratamiento emocional.

Modelos de condicionamiento operante y refuerzo

1. Desarrollo histórico de los modelos de refuerzo:

A principios y mediados del siglo XX, la conceptualización del refuerzo experimentó avances significativos, lo que condujo al establecimiento de marcos teóricos clave que continúan moldeando la ciencia del comportamiento contemporánea. Los experimentos de Skinner con palomas y ratas demostraron la poderosa influencia del refuerzo en la modelación del comportamiento, aportando evidencia empírica de la eficacia de este enfoque. Estos estudios fundamentales allanaron el camino para la formalización y el perfeccionamiento de los modelos de refuerzo, marcando un punto de inflexión crucial en la historia de la psicología conductual. El surgimiento de la teoría del refuerzo representó un cambio con respecto a las conductas puramente reflexivas o respondientes, destacando la importancia de las consecuencias ambientales en la modulación de las acciones voluntarias. Los investigadores abordaron las complejidades de los paradigmas de refuerzo, profundizando en los matices del refuerzo positivo y negativo, el castigo y los programas de refuerzo. Esta exploración exhaustiva condujo a la formulación de taxonomías y clasificaciones detalladas, que arrojaron luz sobre la naturaleza multifacética de los procesos de refuerzo. Con el tiempo, este campo fue testigo de la integración de los conceptos de refuerzo en diversos ámbitos, como la educación, la psicología clínica y el comportamiento organizacional. El legado de figuras históricas como Skinner y la posterior ola de científicos del comportamiento ha dejado una huella imborrable en la evolución de los modelos de refuerzo. Sus contribuciones colectivas han moldeado el panorama del análisis del comportamiento moderno y siguen inspirando la investigación innovadora para comprender y modificar el comportamiento humano.

2. Principios básicos del condicionamiento operante:

Los principios fundamentales del condicionamiento operante, introducidos por primera vez por B. F. Skinner, giran en torno a la idea de que las conductas se ven influenciadas por sus consecuencias. En otras palabras, las personas tienden a repetir las conductas que tienen resultados favorables, mientras que evitan las que conllevan consecuencias desfavorables. Este proceso fundamental configura el aprendizaje y la adaptación de las personas en diversos contextos.

En el corazón del condicionamiento operante se encuentran los conceptos de refuerzo y castigo. El refuerzo se refiere al proceso de fortalecer una conducta específica mediante una consecuencia que aumenta la probabilidad de su recurrencia. Por otro lado, el castigo implica aplicar una consecuencia que disminuye la probabilidad de que una conducta se repita. Tanto el refuerzo como el castigo desempeñan un papel fundamental en la formación y modificación de conductas, constituyendo los pilares del condicionamiento operante.

Otro elemento crucial del condicionamiento operante es la distinción entre refuerzo/castigo positivo y negativo. El refuerzo positivo implica presentar un estímulo deseable tras una conducta, reforzándola así. Por el contrario, el refuerzo negativo implica la eliminación de un estímulo aversivo, lo que aumenta la probabilidad de que la conducta se repita. De igual manera, el castigo positivo implica añadir una consecuencia indeseable, mientras que el castigo negativo implica la eliminación de un estímulo valioso; ambos resultan en una disminución de la probabilidad de que la conducta se repita.

Los programas de reforzamiento contribuyen significativamente a la eficacia del condicionamiento operante. Estos programas, que incluyen el refuerzo continuo y el intermitente, influyen en la tasa y la persistencia de las conductas aprendidas. Comprender cómo los diferentes programas de reforzamiento influyen en la conducta es crucial en diversas aplicaciones prácticas, desde la educación y la crianza hasta la gestión organizacional y las intervenciones clínicas.

El condicionamiento operante enfatiza el papel del contexto y la temporalidad en la configuración de las respuestas conductuales. La relación temporal entre la conducta y sus consecuencias, así como el entorno en el que se produce el aprendizaje, influyen considerablemente en la eficacia de las técnicas de condicionamiento operante. Reconocer los factores contextuales que influyen en la conducta permite una aplicación más precisa de los principios del condicionamiento operante, maximizando su eficacia en los esfuerzos de modificación conductual.

3. Tipos de refuerzo:

El refuerzo se puede clasificar en dos categorías: refuerzo positivo y refuerzo negativo. El refuerzo positivo implica la presentación de un estímulo deseable tras una conducta específica, lo que aumenta la probabilidad de que dicha conducta se repita en el futuro. Por ejemplo, elogiar a un niño por completar sus tareas puede servir como refuerzo positivo, animándolo a continuar con esa diligencia. Esta forma de refuerzo se basa en el principio de recompensa, según el cual la introducción de un resultado favorable fortalece la asociación entre la conducta y sus consecuencias.

Por el contrario, el refuerzo negativo implica la eliminación o evitación de un estímulo aversivo para intensificar la ocurrencia de una conducta específica. Al escapar o evitar una situación o estímulo desagradable, las personas son más propensas a adoptar conductas que conduzcan a la eliminación de dicha incomodidad. Un ejemplo de refuerzo negativo es el de un estudiante que estudia con diligencia para evitar el estrés y la ansiedad asociados a suspender un examen. Tanto el refuerzo positivo como el negativo desempeñan un papel fundamental al influir en los patrones de comportamiento y los procesos de aprendizaje de las personas en diversos contextos.

Es importante destacar que, mientras que el refuerzo positivo se centra en añadir algo deseable, el refuerzo negativo se centra en eliminar algo indeseable. Estas distintas formas de refuerzo demuestran la naturaleza dinámica del condicionamiento operante y subrayan los matices con los que las conductas se moldean y se mantienen a través de las contingencias ambientales. Comprender los impactos diferenciales del refuerzo positivo y negativo es fundamental para diseñar intervenciones conductuales, estrategias educativas y enfoques terapéuticos eficaces.

La comprensión integral de las teorías del refuerzo mejora nuestra comprensión de los complejos mecanismos que subyacen al comportamiento humano y animal. Al profundizar en las complejidades del refuerzo y sus múltiples aplicaciones, obtenemos valiosas perspectivas sobre la dinámica motivacional, los procesos de autorregulación y el desarrollo de conductas adaptativas. Con este conocimiento, profesionales e investigadores pueden diseñar intervenciones personalizadas que aprovechen el poder del refuerzo para promover cambios positivos y fomentar patrones de comportamiento resilientes.

4. Programas de Refuerzo y sus Efectos:

Los programas de refuerzo determinan la frecuencia y la intensidad de las conductas aprendidas. Los psicólogos han estudiado exhaustivamente estos programas para comprender sus efectos en el comportamiento y la motivación. Las dos categorías principales de programas de refuerzo son el continuo y el intermitente. El refuerzo continuo implica recompensar una conducta cada vez que ocurre, lo que puede resultar en un aprendizaje rápido, pero también en una rápida extinción al retirarse el refuerzo. Por el contrario, el refuerzo intermitente solo recompensa la conducta en algunas ocasiones, lo que resulta en una conducta más persistente incluso en ausencia de refuerzo. Existen varios tipos de programas intermitentes, como los de razón fija, razón variable, intervalo fijo e intervalo variable. Cada programa tiene efectos únicos en el comportamiento. Los programas de razón fija refuerzan la conducta tras un número específico de respuestas, lo que a menudo resulta en altas tasas de respuesta con breves pausas tras el refuerzo. Los programas de razón variable refuerzan la conducta tras un número impredecible de respuestas, lo que resulta en tasas de respuesta constantemente altas, como se observa en entornos de juegos de azar o ventas. Los programas de intervalo fijo refuerzan la primera respuesta tras un intervalo de tiempo fijo, lo que resulta en un patrón festoneado de respuesta con tasas más altas a medida que se acerca el momento de aplicación del refuerzo. Los programas de intervalo variable refuerzan la primera respuesta tras intervalos de tiempo variables, promoviendo tasas de respuesta constantes y estables. Comprender estos diversos programas de reforzamiento es crucial para analizar patrones de comportamiento en diversos contextos, desde intervenciones clínicas hasta la gestión organizacional. Además, los efectos de estos programas pueden proporcionar información sobre las conductas adictivas, la persistencia ante la adversidad y el desarrollo de conductas desadaptativas.

5. Castigo:

El castigo, en el contexto del condicionamiento operante, se refiere a la introducción de un estímulo aversivo o la eliminación de un estímulo reforzante en respuesta a una conducta, con la intención de disminuir la probabilidad de que dicha conducta se repita. Una de las principales controversias en torno al castigo en el ámbito del condicionamiento operante son las consideraciones éticas y los posibles efectos perjudiciales que puede tener sobre el bienestar psicológico del individuo. Si bien la supresión inmediata de conductas específicas puede lograrse mediante el castigo, las investigaciones han demostrado que a menudo fracasa como estrategia a largo plazo para el cambio de conducta. Además, el uso del castigo plantea importantes cuestiones sobre la dignidad y la autonomía humanas, lo que genera debates sobre el equilibrio entre el control de la conducta y la autonomía individual.

El concepto de castigo no existe de forma aislada, y su eficacia debe analizarse en comparación con las estrategias de refuerzo. La aplicación del castigo también se extiende más allá del comportamiento individual a sistemas sociales más amplios, como el sistema de justicia penal. Esto da lugar a debates complejos sobre el papel del castigo en la configuración de las normas sociales, los marcos legales y sus implicaciones para la justicia social. Profundizando en perspectivas históricas y contemporáneas, se evalúan críticamente las controversias en torno a las medidas punitivas en el contexto del fomento de cambios conductuales positivos, considerando las posibles consecuencias colaterales en diversas poblaciones y comunidades.

6. Condicionamiento operante en contextos emocionales:

El condicionamiento emocional mediante procesos operantes ocurre cuando el comportamiento de un individuo se ve condicionado por sus consecuencias en un entorno emocionalmente cargado. El refuerzo de ciertas respuestas emocionales puede intensificarlas, mientras que el castigo puede suprimir o modificar conductas emocionales indeseables. Por ejemplo, en un entorno terapéutico, el refuerzo positivo puede utilizarse para potenciar respuestas emocionales adaptativas, como la asertividad o la empatía, mientras que el castigo negativo puede emplearse para desalentar arrebatos emocionales desadaptativos o la agresión.

El condicionamiento operante en contextos emocionales se extiende más allá de las experiencias individuales e incluye influencias sociales y culturales. El refuerzo de manifestaciones emocionales específicas dentro de un grupo social o comunidad puede tener un impacto significativo en el repertorio emocional de un individuo. A través del condicionamiento operante, se arraigan las normas y expectativas sociales respecto a la expresión emocional, lo que determina cómo los individuos perciben y responden a sus propias emociones y a las de los demás en diversos entornos sociales. Esta interacción entre el condicionamiento operante y la expresión emocional resalta la naturaleza compleja de la regulación emocional y subraya la importancia de considerar los factores sociales y culturales para comprender las conductas emocionales.

El impacto emocional del condicionamiento operante es evidente en diversos ámbitos, como la educación, la dinámica laboral y las intervenciones clínicas. En entornos educativos, el profesorado emplea diversas estrategias de refuerzo para promover respuestas emocionales deseables y la participación en las actividades de aprendizaje. Al utilizar el refuerzo positivo, los educadores pueden fomentar el entusiasmo y la perseverancia, contribuyendo a un entorno de aprendizaje propicio. Por el contrario, los enfoques basados en el castigo pueden generar inadvertidamente ansiedad o aversión hacia determinadas asignaturas o interacciones en el aula.

En entornos laborales, los principios del condicionamiento operante influyen en la motivación y el bienestar emocional de los empleados. Mediante evaluaciones de desempeño, sistemas de incentivos y mecanismos de retroalimentación, las organizaciones moldean las experiencias emocionales y el comportamiento de los empleados en el trabajo. El refuerzo positivo por un desempeño ejemplar puede mejorar la satisfacción y el compromiso laboral, mientras que las medidas punitivas pueden generar estrés y desconexión, lo que, en última instancia, afecta el clima organizacional general.

En el ámbito clínico, se utilizan técnicas de condicionamiento operante para abordar trastornos emocionales y conductas desadaptativas. Los programas de modificación de conducta suelen incorporar programas de refuerzo para fomentar la regulación emocional deseada y disminuir las expresiones disfuncionales. Al reforzar sistemáticamente las respuestas emocionales adaptativas y proporcionar mecanismos de afrontamiento alternativos, los profesionales clínicos se esfuerzan por reestructurar los patrones emocionales y aliviar la angustia.

En general, la interacción multifacética entre el condicionamiento operante y los contextos emocionales subraya la profunda influencia de las contingencias ambientales en las experiencias y conductas emocionales. Comprender estas dinámicas es esencial para aprovechar los principios del condicionamiento operante y cultivar individuos emocionalmente sanos y adaptables dentro de diversos marcos sociales e institucionales.

7. Debates teóricos y críticas:

Los modelos de condicionamiento operante y refuerzo han sido objeto de amplios debates teóricos y críticas en el campo de la psicología. Una de las principales áreas de controversia gira en torno al concepto de castigo y su eficacia para modificar la conducta. Los críticos argumentan que el castigo, en particular en forma de estímulos aversivos, puede tener efectos emocionales y psicológicos negativos, socavando el bienestar general del individuo sometido a dichas intervenciones. Además, las implicaciones éticas del uso del castigo en estrategias de modificación de conducta han suscitado intensos debates tanto en el ámbito académico como en el clínico. Los defensores del condicionamiento operante, por otro lado, afirman que un castigo administrado con cuidado puede ser eficaz para frenar conductas indeseables, especialmente cuando se combina con refuerzo positivo para alternativas deseables.

Otro debate teórico importante se refiere a la importancia relativa del refuerzo positivo y negativo en la formación de la conducta. Si bien las perspectivas tradicionales enfatizan el papel del refuerzo positivo en el aumento de la probabilidad de las conductas deseadas, algunos teóricos contemporáneos argumentan que la evitación de estímulos aversivos (refuerzo negativo) desempeña un papel igualmente crucial en la adquisición de la conducta. Este debate en curso refleja la naturaleza dinámica de los marcos teóricos del condicionamiento operante y refuerza la necesidad de continuar la investigación empírica para dilucidar los mecanismos sutiles que subyacen a los procesos de refuerzo.

Además de los debates teóricos internos, las críticas al condicionamiento operante también se extienden a su aplicación en entornos reales. Los detractores plantean inquietudes sobre la posible simplificación excesiva del comportamiento humano en el contexto de los modelos de refuerzo, argumentando que la interacción de factores cognitivos, emocionales y sociales podría no ser captada adecuadamente por estos paradigmas conductistas por sí solos. Además, las limitaciones para generalizar los hallazgos de experimentos de laboratorio controlados a entornos naturales complejos han impulsado la demanda de una comprensión más integral de los factores contextuales que influyen en las conductas operantes.

Las implicaciones sociales del empleo de técnicas de condicionamiento operante en diversos ámbitos, como la educación, la crianza y la gestión organizacional, han llamado la atención sobre las consideraciones éticas y culturales más amplias asociadas con la modificación de conducta. Las perspectivas divergentes sobre el uso ético de las estrategias de reforzamiento subrayan la importancia de incorporar análisis éticos multifacéticos en la implementación de intervenciones de condicionamiento operante.

8. Implicaciones para la investigación y la práctica futuras:

A medida que exploramos las implicaciones para la investigación y la práctica futuras en el ámbito del condicionamiento operante y los modelos de refuerzo, se hace evidente que existen varias vías prometedoras para una mayor exploración y aplicación. Un área clave para la investigación futura reside en el análisis continuo de las diferencias individuales en la respuesta a los paradigmas de refuerzo y castigo. Comprender los factores que influyen en la variación de las respuestas conductuales puede arrojar luz sobre el desarrollo de intervenciones personalizadas y adaptadas a las necesidades específicas de cada individuo.

La integración de la tecnología en la investigación y la práctica conductual presenta un rico campo de exploración. Las innovaciones en la recopilación, el análisis y la aplicación de intervenciones de datos ofrecen oportunidades sin precedentes para perfeccionar nuestra comprensión de los procesos de condicionamiento operante y desarrollar intervenciones más eficaces, eficientes y accesibles. Por ejemplo, el uso de análisis de datos avanzados y algoritmos de aprendizaje automático puede proporcionar información valiosa sobre patrones conductuales complejos y facilitar la identificación de estrategias óptimas de refuerzo.

Al abordar las implicaciones prácticas, el futuro de la investigación sobre el condicionamiento operante tiene el potencial de impactar significativamente diversos ámbitos, como la educación, la atención médica y la gestión organizacional. Al aprovechar los conocimientos adquiridos en la investigación en curso, los educadores pueden diseñar programas educativos que maximicen el refuerzo positivo y minimicen las medidas punitivas, mejorando así los resultados del aprendizaje y fomentando un ambiente de clase positivo. En entornos sanitarios, la aplicación de los principios del condicionamiento operante puede fundamentar el desarrollo de estrategias de modificación de conducta para ayudar a los pacientes a adherirse a los regímenes de tratamiento y adoptar hábitos de vida más saludables.

En el ámbito de la gestión organizacional, la comprensión matizada de los modelos de reforzamiento puede orientar a los líderes en la creación de entornos que motiven a los empleados, fomenten hábitos de trabajo deseables y promuevan una cultura de mejora continua. Además, la integración de consideraciones éticas y la mitigación proactiva de consecuencias imprevistas siguen siendo puntos clave para garantizar que las futuras aplicaciones del condicionamiento operante cumplan con los más altos estándares de conducta profesional y responsabilidad social.

Aprendizaje observacional e impronta emocional

1. Introducción al aprendizaje observacional:

El aprendizaje observacional, un concepto clave en el campo de la psicología conductual, profundiza en los procesos mediante los cuales los individuos adquieren nuevos comportamientos observando e imitando a otros. Esta forma de aprendizaje está profundamente entrelazada con la cognición social y tiene una relevancia sustancial para comprender el desarrollo y la transmisión de las respuestas emocionales. En esencia, el aprendizaje observacional enfatiza el poder del modelado y la imitación como mecanismos fundamentales para adoptar nuevos comportamientos en un contexto social. Mientras que las formas tradicionales de aprendizaje se centran en las experiencias directas y la instrucción explícita, el aprendizaje observacional amplía nuestra comprensión de cómo los individuos pueden aprender indirectamente a través de la observación de otros. Mediante este proceso, los individuos no son meros receptores pasivos de información, sino procesadores e intérpretes activos de los comportamientos observados. Los fundamentos teóricos del aprendizaje observacional se nutren de perspectivas de la psicología cognitiva, social y del desarrollo, integrando perspectivas para dilucidar las complejidades de cómo los individuos aprenden de su entorno social. Desde los primeros estudios fundacionales de psicólogos como Albert Bandura hasta la investigación contemporánea que explora los fundamentos neuronales del aprendizaje social, la exploración del aprendizaje observacional ha ofrecido profundos conocimientos sobre la dinámica del comportamiento humano. Además, el aprendizaje observacional proporciona un marco crucial para comprender la transmisión de las respuestas emocionales dentro de los grupos sociales, arrojando luz sobre cómo los individuos desarrollan e internalizan patrones emocionales a partir de sus interacciones con los demás. Por lo tanto, comprender a fondo el aprendizaje observacional es fundamental para comprender las complejidades de la impronta emocional y la adquisición de conductas afectivas.

2. Fundamentos teóricos de la impronta emocional:

La impronta emocional es un concepto crucial que explica el proceso mediante el cual los individuos forman asociaciones emocionales duraderas, a menudo en etapas tempranas de la vida, basándose en las señales y comportamientos exhibidos por personas significativas de su entorno. Este mecanismo, propuesto inicialmente por Konrad Lorenz en el ámbito de la etología, ha recibido considerable atención en diversas disciplinas por sus implicaciones para comprender el desarrollo emocional y el comportamiento social. En esencia, la impronta emocional gira en torno a la idea de que los organismos jóvenes son particularmente susceptibles a aprender e internalizar respuestas emocionales de sus cuidadores o congéneres. Se cree que este fenómeno tiene un impacto profundo y duradero en el repertorio emocional y los patrones de vinculación de un individuo a lo largo de su vida. El marco teórico de la impronta emocional integra principios de la psicología, la etología y la neurociencia para ofrecer una comprensión integral de cómo las experiencias emocionales moldean los procesos cognitivos y afectivos de un individuo. Como tal, abarca elementos del desarrollo socioemocional, las teorías del apego y los sustratos neuronales involucrados en la memoria y el procesamiento emocional. Además, este modelo conceptual subraya la interacción entre las predisposiciones genéticas y las influencias ambientales en la configuración de la reactividad emocional y las estrategias conductuales adaptativas. Cabe destacar que los investigadores han estudiado el papel de los mecanismos epigenéticos en la modulación de la expresión de las huellas emocionales, lo que arroja luz sobre la interacción entre la naturaleza y la crianza en el desarrollo emocional. Asimismo, las perspectivas teóricas sobre la huella emocional trascienden el ámbito de la psicología individual para abarcar implicaciones sociales más amplias, en particular en el contexto de la transmisión cultural y la continuidad intergeneracional de las normas y conductas emocionales.

3. Pioneros y experimentos clave:

La exploración del aprendizaje observacional se debe en gran medida a las contribuciones de varios pioneros eminentes en el campo de la psicología. Albert Bandura, padre de la teoría del aprendizaje social (posteriormente conocida como teoría cognitiva social), fue fundamental para dilucidar los principios del aprendizaje observacional mediante sus experimentos innovadores. El trabajo seminal de Bandura, en particular su notable experimento con el muñeco Bobo, realizado en 1961, reveló el impacto significativo del aprendizaje observacional en las respuestas emocionales y el comportamiento. El diseño innovador de este experimento implicó exponer a niños a un comportamiento agresivo modelado por un adulto hacia un muñeco Bobo. Bandura demostró que los niños que observaban las acciones agresivas eran más propensos a replicar comportamientos similares cuando se les daba la oportunidad. Esta investigación fundamental arrojó luz sobre la profunda influencia del aprendizaje observacional en la formación de las respuestas emocionales y la impresión de patrones de comportamiento. Otra figura influyente en el estudio del aprendizaje observacional es Julian Rotter, cuyas investigaciones pioneras profundizaron en los mecanismos del aprendizaje social y el papel del refuerzo en los procesos observacionales. Mediante experimentos meticulosamente diseñados, Rotter dilucidó cómo las personas adquieren reacciones emocionales y conductas adaptativas al observar las consecuencias que experimentan otros. Sus contribuciones fundamentales han influido profundamente en nuestra comprensión de cómo el aprendizaje observacional contribuye al desarrollo emocional y al funcionamiento adaptativo. Además, el trabajo de Neal Miller y John Dollard ha sido fundamental para delinear los procesos subyacentes al aprendizaje observacional y la impronta emocional. Sus estudios exhaustivos enfatizaron la interacción entre las señales externas, los procesos cognitivos y las respuestas emocionales en contextos observacionales, sentando una sólida base teórica para la investigación posterior en este ámbito. Asimismo, los innovadores experimentos realizados por Mary Cover Jones, a menudo considerada la "madre de la terapia conductual", impulsaron significativamente nuestra comprensión del aprendizaje observacional y el condicionamiento emocional. Sus investigaciones empíricas sobre el tratamiento de las fobias en niños allanaron el camino para la aplicación de los principios del aprendizaje observacional en intervenciones terapéuticas, demostrando el potencial transformador de estos enfoques en diversos entornos.

4. Mecanismos subyacentes a la imitación y el modelado:

La imitación y el modelado son procesos fundamentales en el aprendizaje observacional, desempeñando un papel crucial en la adquisición y transmisión de respuestas emocionales y conductas complejas. Los mecanismos subyacentes a la imitación y el modelado implican complejos procesos cognitivos y neurobiológicos que facilitan el aprendizaje social y la adaptación. A nivel cognitivo, las personas realizan procesos atencionales para observar y codificar el comportamiento de los modelos a seguir, lo cual es crucial para una imitación exitosa. Esta atención selectiva permite a las personas centrarse en señales y acciones relevantes, lo que aumenta la probabilidad de reproducción precisa de las conductas observadas. Además, la memoria de trabajo y la representación simbólica permiten la retención de las conductas modeladas, sentando las bases para su posterior reproducción. La codificación y el almacenamiento de las acciones observadas permiten a las personas recuperarlas y reproducirlas cuando sea apropiado, consolidando así las respuestas aprendidas. Además de los procesos cognitivos, los mecanismos neurobiológicos que sustentan la imitación y el modelado incluyen las neuronas espejo y los sistemas de resonancia neuronal. Las neuronas espejo, que se encuentran principalmente en la corteza premotora y la corteza parietal, se actlván tanto cuando una persona realiza una acción específica como cuando observa a otra persona realizando la misma acción. Este fenómeno de reflejo proporciona una base neurológica para comprender las acciones e intenciones de los demás, facilitando la imitación de las conductas observadas. Además, la resonancia neuronal permite a las personas empatizar con los estados emocionales de los demás e internalizar las respuestas afectivas observadas, lo que contribuye a la impronta emocional y al aprendizaje social. La interconexión de los procesos cognitivos y neurobiológicos subraya la complejidad y adaptabilidad de la imitación y el modelado en el aprendizaje observacional. Comprender estos mecanismos es fundamental para comprender cómo las personas adquieren y replican respuestas y conductas emocionales a través del aprendizaje observacional, con implicaciones para diversos ámbitos, como la psicología, la educación y la práctica clínica.

5. El impacto del contexto social en los procesos de aprendizaje:

Los seres humanos somos criaturas sociales por naturaleza, y gran parte de nuestro repertorio conductual se adquiere mediante interacciones en nuestro entorno social. Al examinar el impacto del contexto social en el aprendizaje, se hace evidente que las personas a menudo recurren a los demás como fuente de información y orientación, especialmente en situaciones ambiguas o inciertas. Este fenómeno, conocido como aprendizaje social, abarca una amplia gama de comportamientos, como la imitación, el modelado y el refuerzo vicario.

El contexto social influye en los procesos de aprendizaje a través de diversos mecanismos. Uno de ellos es el concepto de facilitación social, según el cual la presencia de otros puede mejorar el rendimiento de un individuo en tareas sencillas o bien ensayadas. Por el contrario, la inhibición social puede ocurrir en tareas más complejas o novedosas cuando los individuos son observados o evaluados por otros, lo que conlleva una disminución del rendimiento. Estas dinámicas ilustran la interacción entre las influencias sociales y los resultados del aprendizaje.

El papel de las relaciones interpersonales y la dinámica de grupo es fundamental para comprender el impacto del contexto social en el aprendizaje. Dentro de los grupos sociales, los individuos están expuestos a diversas perspectivas, actitudes y patrones de comportamiento, lo que crea oportunidades para el aprendizaje observacional y la adquisición de respuestas emocionales. Las dinámicas de conformidad social, obediencia e influencia de los pares subrayan aún más la profunda influencia del contexto social en la impronta emocional y el condicionamiento conductual.

Las normas culturales y los valores sociales también influyen significativamente en el proceso de aprendizaje. La transmisión de prácticas y tradiciones culturales se produce principalmente mediante el aprendizaje observacional dentro del contexto social. A medida que las personas observan y asimilan los comportamientos y las expresiones emocionales de otros en su entorno cultural, internalizan las normas y valores predominantes, moldeando así sus respuestas emocionales y tendencias conductuales.

6. Desarrollo emocional a través de la mímica:

El desarrollo emocional a través del mimetismo es un proceso mediante el cual las personas aprenden a expresar y regular sus emociones basándose en el comportamiento observado de los demás. Este fenómeno desempeña un papel crucial en la formación de las competencias sociales y emocionales desde la primera infancia hasta la edad adulta. Como seres humanos, tenemos una predisposición innata a imitar las acciones y expresiones emocionales de quienes nos rodean, especialmente durante nuestros años de formación. Los bebés y los niños pequeños, en particular, practican el mimetismo facial, donde imitan las expresiones emocionales de sus cuidadores como medio para establecer vínculos sociales y adquirir comprensión emocional. Este proceso no solo facilita la sintonía emocional, sino que también sienta las bases para el desarrollo de la empatía y las habilidades interpersonales. Además, al observar cómo otros afrontan y manifiestan diversas emociones, las personas adquieren un repertorio de respuestas emocionales que se integran en sus propios patrones conductuales y comunicativos. El mimetismo emocional se extiende más allá de las expresiones faciales e incluye el lenguaje corporal, la entonación vocal e incluso la transmisión de estados emocionales. Los adolescentes y los adultos continúan perfeccionando sus habilidades de mimetismo emocional, adaptando sus comportamientos en función de las señales sociales y las exigencias del contexto. A través de la exposición continua a diversas manifestaciones emocionales en diferentes contextos sociales, las personas amplían continuamente su vocabulario emocional y refinan sus estrategias de regulación emocional. Es importante destacar que la mímica emocional puede tener implicaciones tanto adaptativas como desadaptativas. La mímica emocional positiva contribuye a construir relaciones, fomentar la confianza y promover conductas prosociales, mientras que la mímica inapropiada o excesiva puede provocar agotamiento emocional, falta de autenticidad y una posible sobreimplicación emocional. Comprender la dinámica de la mímica emocional es esencial en diversos campos, como la psicología, la educación, la consejería y la comunicación interpersonal. Al reconocer la interacción entre la observación, la imitación y el contagio emocional, los profesionales pueden aprovechar estos procesos para facilitar el aprendizaje emocional, promover cambios positivos en el comportamiento y mejorar la dinámica relacional. El estudio del desarrollo emocional a través de la mímica subraya la importancia del aprendizaje social en el cultivo de la inteligencia emocional y destaca la interconexión de las experiencias emocionales individuales y colectivas.

7. Desafíos y limitaciones de los métodos de observación:

A pesar de su importancia, es imperativo reconocer los desafíos y limitaciones inherentes a los métodos observacionales. Uno de los principales desafíos en la investigación observacional es el sesgo del observador. Los observadores humanos pueden introducir involuntariamente sus interpretaciones subjetivas en el proceso de recopilación de datos, lo que puede generar distorsiones en los hallazgos. Además, la presencia del observador puede influir en el comportamiento de los individuos observados, comprometiendo así el carácter naturalista del estudio. Este fenómeno, conocido como el efecto Hawthorne, plantea un desafío significativo a la validez de los datos observacionales. Otra limitación crítica se refiere a las consideraciones éticas en torno a la privacidad y el consentimiento. El uso de videovigilancia u observación naturalista en espacios públicos plantea la preocupación de que se invada la privacidad y la autonomía de las personas. Los investigadores deben abordar estos dilemas éticos meticulosamente para garantizar que sus estudios respeten los principios de respeto y beneficencia. Además, la generalización de los hallazgos obtenidos a partir de estudios observacionales puede ser controvertida. Los factores culturales, sociales y ambientales influyen considerablemente en el comportamiento humano, y las observaciones limitadas a contextos específicos pueden no ser universalmente aplicables. Esta limitación acentúa la necesidad de realizar estudios comparativos en diversos contextos culturales para discernir los matices del comportamiento humano. Además, la falta de control sobre variables externas en entornos naturalistas presenta un desafío significativo. A diferencia de los entornos experimentales, los estudios observacionales no permiten a los investigadores manipular y controlar todas las variables, lo que dificulta el establecimiento de relaciones causales. Además, la dependencia de datos cualitativos en la investigación observacional puede introducir subjetividad y sesgos de interpretación, lo que requiere enfoques metodológicos rigurosos para mejorar la fiabilidad y la validez de los hallazgos. Para abordar estos desafíos, los investigadores deben implementar una capacitación meticulosa para los observadores, emplear técnicas rigurosas de codificación y análisis, y fomentar colaboraciones interdisciplinarias para enriquecer los marcos interpretativos. A pesar de estos desafíos y limitaciones, los métodos observacionales siguen siendo indispensables para desentrañar las complejidades del comportamiento humano, lo que enfatiza la necesidad de un continuo perfeccionamiento e innovación en su aplicación.

8. Estudios comparativos en contextos culturales:

La cultura desempeña un papel fundamental en la forma en que las personas perciben, expresan y regulan sus emociones. Los estudios comparativos en diversos contextos culturales ofrecen valiosas perspectivas sobre la diversidad de experiencias emocionales y la influencia de las normas, valores y prácticas sociales en el desarrollo emocional. Al examinar cómo las diferentes culturas interpretan y responden a los estímulos emocionales, los investigadores pueden comprender mejor la universalidad frente a la especificidad cultural de los procesos emocionales.

Un enfoque clave de los estudios comparativos es explorar el impacto de los factores culturales en la expresión y el reconocimiento emocional. Por ejemplo, algunas culturas pueden priorizar la armonía y la interdependencia colectivas, lo que da lugar a patrones distintos de expresión e interpretación emocional en comparación con las culturas que priorizan la autonomía individual. Estas variaciones interculturales pueden arrojar luz sobre los mecanismos fundamentales que subyacen a la comunicación emocional y proporcionar una perspectiva matizada sobre las influencias socioculturales en las conductas emocionales.

Además, la investigación comparativa profundiza en el papel de las normas culturales en la configuración de las estrategias de regulación emocional. Investiga cómo las creencias y prácticas culturales influyen en la aceptación o supresión de emociones específicas, así como en la eficacia de diversas técnicas de regulación emocional en diferentes contextos culturales. Comprender estas dinámicas es crucial para desarrollar intervenciones culturalmente sensibles y promover el bienestar emocional en diversas poblaciones.

Los estudios comparativos suelen examinar la manifestación de los trastornos emocionales y la psicopatología en diferentes culturas. Al analizar la prevalencia, la sintomatología y los modelos explicativos de los problemas de salud mental en diversos contextos culturales, los investigadores pueden identificar el impacto de los factores culturales en la experiencia y la expresión del malestar psicológico. Este conocimiento fundamenta el desarrollo de criterios diagnósticos, enfoques terapéuticos y sistemas de apoyo culturalmente relevantes que se ajusten a las necesidades específicas de los diferentes grupos culturales.

Los estudios comparativos permiten explorar las influencias culturales en la socialización emocional y las trayectorias de desarrollo. Esto incluye investigar cómo los niños adquieren conocimiento emocional y habilidades de regulación dentro de su entorno cultural, así como la transmisión de normas culturales sobre el comportamiento emocional a través de canales familiares, educativos y sociales. Reconocer la arraigación cultural del aprendizaje emocional es esencial para promover prácticas emocionalmente inteligentes y culturalmente competentes en entornos educativos y clínicos.

9. Implicaciones para los entornos terapéuticos y educativos:

Las implicaciones del aprendizaje observacional y la impronta emocional en entornos terapéuticos y educativos son de gran alcance. Utilizando los principios del aprendizaje observacional, terapeutas y educadores pueden diseñar intervenciones que aprovechen el poder del modelado y la imitación para facilitar cambios conductuales positivos y la regulación emocional en las personas. En entornos terapéuticos, la incorporación de técnicas de aprendizaje observacional puede mejorar la eficacia de las terapias cognitivo-conductuales, el entrenamiento en habilidades sociales y las intervenciones dirigidas a abordar la ansiedad, las fobias y los trastornos relacionados con el trauma.

Al emplear estratégicamente estrategias de aprendizaje observacional, los terapeutas pueden ayudar a las personas a aprender mecanismos de afrontamiento adaptativos mediante la observación e imitación de comportamientos más saludables mostrados por otros. Este método puede ser especialmente efectivo para poblaciones como niños, adolescentes y personas con dificultades de desarrollo o comunicación social. Además, la integración de los principios del aprendizaje observacional en entornos terapéuticos es prometedora para promover la empatía, la comprensión emocional y las conductas prosociales entre los pacientes.

En entornos educativos, los educadores pueden utilizar los conocimientos del aprendizaje observacional para optimizar el entorno de aprendizaje. Al crear oportunidades para que los estudiantes observen y modelen comportamientos positivos, los docentes pueden fomentar una cultura de apoyo mutuo, resiliencia emocional e interacciones inclusivas entre pares. Mediante actividades colaborativas, juegos de rol y programas de mentoría entre pares, los estudiantes pueden desarrollar habilidades socioemocionales esenciales a la vez que interiorizan maneras constructivas de gestionar sus emociones y comportamientos.

Al reconocer la influencia de los contextos culturales en el aprendizaje observacional y la impronta emocional, los profesionales, tanto en el ámbito terapéutico como en el educativo, pueden adaptar las intervenciones para respetar e integrar diversas prácticas y normas culturales, mejorando así su pertinencia y eficacia en diferentes comunidades. Es importante que los profesionales que trabajan en estos entornos se mantengan atentos a los matices culturales y adapten sus enfoques en consecuencia para garantizar que las intervenciones sean holísticas, culturalmente sensibles y empoderadoras.

En general, la integración del aprendizaje observacional y la impronta emocional en entornos terapéuticos y educativos subraya el potencial para promover el bienestar psicológico, fomentar la resiliencia y nutrir a individuos emocionalmente inteligentes que puedan prosperar en diversos contextos sociales y académicos.

Fundamentos neurobiológicos de las respuestas emocionales

1. Introducción a la neurobiología de las emociones:

La exploración de la neurobiología y las emociones representa un pilar fundamental para comprender los mecanismos que subyacen al comportamiento humano. En los últimos años, se ha observado cada vez más que las emociones no son meros conceptos abstractos, sino que están profundamente arraigadas en los procesos fisiológicos y neurobiológicos del cerebro humano. La integración de las disciplinas de la neurociencia y los estudios emocionales proporciona un marco integral para desentrañar la compleja interacción entre las estructuras neuronales, las vías bioquímicas y las respuestas emocionales.

En el centro de este enfoque integrador se encuentra la red de vías neuronales responsables del procesamiento de las emociones. Comprender la organización y la conectividad de estas vías es fundamental para comprender cómo se codifican, interpretan y manifiestan las experiencias emocionales en la psique humana.

La investigación sobre la neurobiología de las emociones ofrece información invaluable sobre las raíces evolutivas de las experiencias emocionales. Al examinar la conservación filogenética de los sustratos neuronales entre especies, profundizamos en la importancia adaptativa de las emociones y su papel fundamental en la configuración de los comportamientos de supervivencia. Esta perspectiva interespecífica permite una comprensión más amplia de la universalidad y diversidad de las expresiones emocionales, trascendiendo las narrativas antropocéntricas para abarcar una visión más holística de los fenómenos emocionales.

Profundizar en las bases neurobiológicas de las emociones permite examinar el impacto de los procesos de desarrollo en la formación de circuitos emocionales. La interacción dinámica entre las predisposiciones genéticas y las influencias ambientales configura los aspectos estructurales y funcionales de la arquitectura neuronal, modelando así el panorama emocional de cada individuo. Desentrañar la interrelación entre la naturaleza y la crianza en el contexto de la neurobiología emocional abre caminos para comprender las vulnerabilidades, la resiliencia y la plasticidad de las respuestas emocionales a lo largo de la vida.

2. Vías neuronales implicadas en el procesamiento de las emociones:

Las emociones son fenómenos complejos y multifacéticos que se entrelazan con el funcionamiento del cerebro humano. Comprender las vías neuronales implicadas en el procesamiento emocional es crucial para desentrañar los misterios que se esconden tras nuestras experiencias emocionales. Estas vías constituyen una sofisticada red de estructuras y circuitos interconectados que trabajan en armonía para regular y modular nuestras respuestas emocionales. En el núcleo de este sistema se encuentra el sistema límbico, a menudo denominado "cerebro emocional". El sistema límbico, compuesto por estructuras como la amígdala, el hipocampo y el hipotálamo, desempeña un papel fundamental en el procesamiento y la regulación de las emociones. Sirve como centro para integrar e interpretar la información sensorial, los recuerdos y los estados internos para generar respuestas emocionales adecuadas. Además, la amígdala, conocida por su participación en el procesamiento del miedo y las amenazas, ejerce una profunda influencia en la reactividad y la activación emocional. Más allá del sistema límbico, la corteza prefrontal y diversas regiones corticales ejercen un control regulador descendente sobre los procesos emocionales. La corteza prefrontal, en particular la corteza prefrontal ventromedial, participa en la evaluación de estímulos emocionales y la modulación de la reactividad emocional mediante la evaluación cognitiva. Además, la interacción entre las estructuras subcorticales y corticales dentro del circuito amigdalo-prefrontal rige la regulación de las respuestas emocionales y desempeña un papel fundamental en el aprendizaje y la memoria emocional. Asimismo, el tálamo, que actúa como estación de retransmisión de información sensorial, canaliza las entradas hacia la amígdala y las áreas corticales superiores, lo que contribuye a la rápida evaluación y procesamiento de estímulos emocionalmente relevantes. Estas vías neuronales no son entidades aisladas, sino componentes entrelazados de un sistema dinámico que orquesta la percepción, la interpretación y la expresión de las emociones. Una comprensión más profunda de estas vías ofrece un inmenso potencial para dilucidar los mecanismos subyacentes de los trastornos emocionales y desarrollar intervenciones específicas para aliviar la desregulación emocional. Asimismo, los avances en las técnicas de neuroimagen continúan revelando las complejidades de estas vías neuronales, arrojando luz sobre la interacción entre las regiones cerebrales durante el procesamiento emocional. A medida que avanza la investigación en este campo, la red de vías neuronales implicadas en el procesamiento de las emociones se vuelve cada vez más descifrable, lo que nos acerca a desentrañar la naturaleza enigmática de las emociones humanas.

3. El papel de los neurotransmisores en la regulación emocional:

Los neurotransmisores, mensajeros químicos del sistema nervioso, facilitan la comunicación entre neuronas, moldeando nuestras percepciones, estados de ánimo y comportamientos. La serotonina, un neurotransmisor reconocido, participa en la regulación del estado de ánimo, el sueño y el apetito. Los desequilibrios en los niveles de serotonina se han vinculado a diversos trastornos emocionales, como la depresión y la ansiedad. De igual manera, la dopamina, otro neurotransmisor destacado, influye en nuestra motivación, el procesamiento de recompensas y la activación emocional. La desregulación de la actividad de la dopamina se ha asociado con afecciones como la adicción y la esquizofrenia. Asimismo, la noradrenalina, que modula la atención, el estado de alerta y las respuestas al estrés, contribuye a la regulación de los estados emocionales. La interacción entre estos y otros neurotransmisores resalta su importancia en los procesos emocionales. Comprender su función proporciona información valiosa sobre la desregulación emocional y el desarrollo de intervenciones específicas. Asimismo, los avances en neurofarmacología han llevado al descubrimiento de medicamentos que modulan la actividad de los neurotransmisores, ofreciendo opciones de tratamiento prometedoras para personas con trastornos emocionales. Además, las investigaciones que exploran la interacción entre los neurotransmisores y las funciones cognitivo-emocionales arrojan luz sobre los mecanismos subyacentes de la regulación emocional. Este conocimiento tiene implicaciones de gran alcance para la práctica clínica, ya que fundamenta el diseño de enfoques terapéuticos personalizados y mejora nuestra comprensión del bienestar emocional.

4. Impacto del sistema límbico en las respuestas emocionales:

El sistema límbico, una compleja red de estructuras cerebrales que comprende regiones interconectadas como la amígdala, el hipocampo, el tálamo y el hipotálamo, orquesta el procesamiento y la regulación de las emociones. La amígdala, en particular, es reconocida por su participación en la evaluación del significado emocional de los estímulos y en el inicio de respuestas conductuales y fisiológicas apropiadas. Sus conexiones con las vías sensoriales permiten la rápida detección y procesamiento de posibles amenazas o recompensas, desencadenando respuestas de miedo o placer.

El hipocampo, esencial para la formación y recuperación de la memoria, interactúa estrechamente con la amígdala para codificar las experiencias emocionales y los detalles contextuales. Esta comunicación influye en la forma en que se recuerdan los eventos pasados y las emociones asociadas, y puede influir en las reacciones emocionales futuras. Junto con la amígdala y el hipocampo, el tálamo actúa como estación de relevo para la información sensorial, canalizando las entradas a diversas regiones corticales y subcorticales para su posterior procesamiento e integración, influyendo así en la percepción y la expresión emocional.

Además, el hipotálamo, regulador clave de las funciones autónomas y endocrinas, modula las respuestas emocionales mediante su influencia en procesos fisiológicos como la frecuencia cardíaca, la presión arterial y la secreción hormonal. La interacción entre el sistema límbico y estos mecanismos fisiológicos subraya el profundo impacto de las experiencias emocionales en los estados corporales, reforzando la relación bidireccional entre la emoción y el bienestar físico.

El sistema límbico interactúa con los procesos cognitivos superiores mediados por la corteza prefrontal, lo que permite la modulación y regulación de la reactividad y la expresión emocional. Esta interacción permite a las personas tomar decisiones deliberadas y generar respuestas adaptativas, controlando así sus reacciones impulsivas o instintivas. La disfunción de esta red puede provocar dificultades en la regulación emocional, contribuyendo a trastornos del estado de ánimo, ansiedad y deterioro del funcionamiento social.

Comprender el funcionamiento del sistema límbico arroja luz sobre la base neurobiológica de las respuestas emocionales, destacando la naturaleza integradora de la cognición, el afecto y la conducta. Además, comprender el impacto del sistema límbico ofrece valiosas implicaciones para las intervenciones terapéuticas dirigidas a la desregulación emocional y la psicopatología, ofreciendo esperanza a las personas que lidian con las complejidades de sus experiencias emocionales.

5. Interacciones entre la corteza prefrontal y el control emocional:

La corteza prefrontal, una región del cerebro ubicada en la parte frontal del lóbulo frontal, desempeña un papel crucial en la regulación de las respuestas emocionales y la toma de decisiones. Sus intrincadas interacciones con el sistema límbico, en particular la amígdala, constituyen la base neurobiológica del control y la modulación emocional. A través de una compleja red de conexiones, la corteza prefrontal modula y regula las respuestas emocionales, influyendo así en las funciones cognitivas y el comportamiento.

Estudios han demostrado que la corteza prefrontal ejerce control inhibitorio sobre la amígdala, la cual participa en el procesamiento de emociones como el miedo y la agresión. Esta regulación descendente permite a la corteza prefrontal modular la intensidad de las respuestas emocionales y facilitar la toma de decisiones racionales. La disfunción o el subdesarrollo de la corteza prefrontal puede provocar deficiencias en la regulación emocional, lo que resulta en dificultades para gestionar el estrés, el control de los impulsos y las interacciones sociales.

La corteza prefrontal participa en la evaluación e interpretación de los estímulos emocionales. Integra la información sensorial con experiencias previas y normas sociales para evaluar la relevancia y la importancia de las señales emocionales. Este proceso influye en la percepción emocional y la generación de respuestas apropiadas en diversos contextos sociales. Además, la corteza prefrontal contribuye a la regulación de estados afectivos, como la empatía, la compasión y la empatía emocional, mediante la integración de procesos emocionales y cognitivos.

La corteza prefrontal desempeña un papel fundamental en el control ejecutivo de los impulsos emocionales y la toma de decisiones adaptativa. Facilita la regulación de las respuestas emocionales mediante la reevaluación cognitiva, la inhibición conductual y las conductas dirigidas a objetivos. Esta capacidad para modular las emociones es esencial para el funcionamiento adaptativo en entornos dinámicos y en las relaciones interpersonales.

Los recientes avances en técnicas de neuroimagen han proporcionado información valiosa sobre las regiones específicas de la corteza prefrontal implicadas en el control emocional. La corteza prefrontal dorsolateral, la corteza prefrontal ventromedial y la corteza cingulada anterior se encuentran entre las áreas clave asociadas con la regulación emocional y la toma de decisiones. Estos hallazgos contribuyen a una mejor comprensión de los mecanismos neurobiológicos subyacentes al control emocional, allanando el camino para posibles intervenciones dirigidas a la desregulación emocional y los trastornos psiquiátricos relacionados.

6. Predisposiciones genéticas y su influencia en las respuestas emocionales:

Las respuestas emocionales no son únicamente producto de influencias ambientales, sino que se configuran mediante una compleja interacción de factores genéticos y ambientales. Estudios genéticos han identificado ciertas variantes genéticas asociadas con una mayor sensibilidad emocional o resiliencia. Por ejemplo, las variaciones en genes responsables de la regulación de neurotransmisores, como la serotonina y la dopamina, se han vinculado con diferencias en el procesamiento emocional y la regulación del estado de ánimo. Además, se ha demostrado que la interacción entre polimorfismos genéticos específicos y experiencias tempranas influye significativamente en la vulnerabilidad de una persona al estrés y su propensión a sufrir trastornos emocionales.

Los mecanismos epigenéticos, que implican modificaciones en la expresión génica sin alterar la secuencia de ADN subyacente, desempeñan un papel crucial en la mediación del impacto de los factores estresantes ambientales en la reactividad emocional. A través de procesos epigenéticos, las exposiciones ambientales pueden inducir cambios duraderos en la actividad genética, contribuyendo al desarrollo de perfiles emocionales distintivos en cada individuo.

Comprender las bases genéticas de las respuestas emocionales tiene implicaciones de gran alcance para las intervenciones personalizadas y los enfoques terapéuticos. Al dilucidar los factores genéticos que contribuyen a las vulnerabilidades emocionales, los profesionales clínicos pueden adaptar las estrategias de tratamiento para abordar la composición biológica única de cada individuo. Además, los conocimientos obtenidos mediante la investigación genética pueden fundamentar el desarrollo de intervenciones farmacológicas específicas que tengan en cuenta las variaciones individuales en la respuesta y la eficacia de los fármacos.

Sin embargo, es fundamental reconocer que las influencias genéticas no actúan de forma aislada y deben considerarse en el contexto más amplio de las experiencias ambientales de cada individuo. La interacción dinámica entre las predisposiciones genéticas y las influencias ambientales subraya la necesidad de un enfoque integral y multidimensional para comprender y abordar las respuestas emocionales.

7. Los efectos de los cambios hormonales en las emociones:

El sistema endocrino, que comprende varias glándulas que secretan hormonas, interactúa con el cerebro, regulamos las emociones y el comportamiento. Las fluctuaciones hormonales, en particular las asociadas con el estrés y los ciclos reproductivos, ejercen profundos efectos en los estados emocionales. El hipotálamo, la hipófisis y las glándulas suprarrenales forman una red compleja conocida como eje HPA, que está profundamente involucrada en la respuesta del cuerpo al estrés y la excitación emocional. Ante factores estresantes, el hipotálamo envía señales a la hipófisis para que libere hormona adrenocorticotrópica (ACTH), que a su vez estimula las glándulas suprarrenales para que produzcan cortisol, la principal hormona del estrés. Los niveles elevados de cortisol pueden influir en el estado de ánimo, la motivación y la reactividad emocional. Además, las hormonas sexuales como el estrógeno y la testosterona se han relacionado con la regulación emocional. Por ejemplo, las fluctuaciones en los niveles de estrógeno a lo largo del ciclo menstrual se han asociado con cambios en el estado de ánimo y la sensibilidad emocional en las mujeres. De igual manera, las investigaciones sugieren que la testosterona influye en la agresión, la dominancia y las conductas relacionadas con la recompensa, todas ellas entrelazadas con las experiencias emocionales. Además, la oxitocina y la vasopresina, a menudo denominadas "hormonas del vínculo", se han vinculado a los vínculos sociales, la confianza, la empatía y la empatía emocional. Estas hormonas facilitan las interacciones sociales y las expresiones emocionales en las relaciones interpersonales. Además, las hormonas tiroideas, incluidas la tiroxina y la triyodotironina, regulan el metabolismo y la regulación energética, lo que repercute en la estabilidad emocional y el funcionamiento cognitivo. Más allá de sus efectos individuales, estos sistemas hormonales interactúan dinámicamente, influyéndose mutuamente para orquestar respuestas emocionales integrales. Los avances en neuroendocrinología han revelado la interacción entre hormonas y neurotransmisores, lo que arroja luz sobre cómo los cambios hormonales pueden moldear las experiencias emocionales a nivel neuronal. Comprender los efectos de los cambios hormonales en las emociones es crucial para dilucidar la naturaleza multifacética de las respuestas emocionales humanas y puede tener implicaciones para el desarrollo de intervenciones específicas para modular los estados emocionales en entornos clínicos.

8. Neuroplasticidad y adaptación en el condicionamiento emocional:

La neuroplasticidad se refiere a la notable capacidad del cerebro para reorganizarse mediante la formación de nuevas conexiones neuronales a lo largo de la vida. En el contexto del condicionamiento emocional, la neuroplasticidad permite a las personas adaptarse y aprender de las experiencias, lo que en última instancia influye en sus reacciones emocionales. Las investigaciones han demostrado que las experiencias emocionales pueden provocar cambios estructurales en el cerebro, especialmente en áreas asociadas con la regulación emocional, como la amígdala y la corteza prefrontal. Estos cambios pueden potenciar o disminuir la intensidad de las respuestas emocionales, según la naturaleza del condicionamiento. Comprender los mecanismos de la neuroplasticidad en el condicionamiento emocional es esencial para comprender las complejidades del comportamiento humano y desarrollar intervenciones específicas para los trastornos emocionales. Cuando las personas se enfrentan a situaciones emocionalmente desafiantes, sus cerebros experimentan plasticidad sináptica, lo que implica el fortalecimiento o debilitamiento de las conexiones neuronales. Este proceso contribuye a la formación de memorias asociativas que configuran futuras respuestas emocionales. Además, estudios han demostrado que la exposición prolongada a ciertas emociones puede provocar alteraciones a largo plazo en los circuitos neuronales, lo que afecta la reactividad emocional general del individuo. El concepto de neuroplasticidad también subraya el potencial de las intervenciones terapéuticas para modificar las respuestas emocionales desadaptativas. Intervenciones como la terapia cognitivo-conductual aprovechan la maleabilidad del cerebro para reestructurar patrones emocionales desadaptativos. Mediante ejercicios específicos y modificaciones conductuales, las personas pueden reconfigurar eficazmente sus vías emocionales. Es evidente que la naturaleza dinámica de la neuroplasticidad en el condicionamiento emocional tiene implicaciones significativas tanto para la práctica clínica como para la vida cotidiana. Además, la investigación emergente en el campo de la neuroplasticidad y la adaptación emocional enfatiza la necesidad de enfoques interdisciplinarios que integren la neurobiología, la psicología y la neurociencia clínica. Los esfuerzos colaborativos en estos dominios pueden conducir a avances en la comprensión de cómo el cerebro se adapta a los estímulos emocionales y allanar el camino para tratamientos personalizados adaptados a los perfiles neurobiológicos individuales.

9. Avances tecnológicos en neuroimagen y estudios emocionales:

Las últimas décadas han presenciado avances notables en el campo de la neurociencia, en particular en el desarrollo de tecnologías de neuroimagen de vanguardia que ofrecen información sin precedentes sobre el funcionamiento del cerebro humano. Estas innovaciones han revolucionado el estudio de las respuestas emocionales al permitir a los investigadores explorar los correlatos neuronales de las emociones con notable precisión y detalle. Entre las técnicas de neuroimagen más destacadas utilizadas en los estudios emocionales se encuentran la resonancia magnética funcional (fMRI), la tomografía por emisión de positrones (PET), la magnetoencefalografía (MEG) y la espectroscopia de infrarrojo cercano (NIR), cada una de las cuales ofrece ventajas únicas para capturar diferentes aspectos del procesamiento emocional. La fMRI, por ejemplo, permite a los investigadores visualizar los cambios en el flujo sanguíneo y los niveles de oxigenación cerebral, lo que proporciona información valiosa sobre las regiones cerebrales implicadas en la regulación y la reactividad emocional. La PET, por otro lado, ofrece información sobre la actividad de los neurotransmisores y la unión a los receptores, lo que arroja luz sobre las bases neuroquímicas de las respuestas emocionales. Además, la MEG permite medir la actividad eléctrica neuronal con una resolución temporal de milisegundos, mientras que la NIR proporciona un método no invasivo para monitorizar los cambios hemodinámicos asociados a estímulos emocionales. La integración de estas diversas modalidades de neuroimagen ha permitido una comprensión más completa de los circuitos neuronales y los mecanismos que subyacen a los procesos emocionales. Asimismo, los avances en el modelado computacional y las técnicas de análisis de datos han mejorado la interpretabilidad de los hallazgos de neuroimagen, lo que permite análisis sofisticados de redes cerebrales a gran escala e interacciones dinámicas durante las experiencias emocionales. Asimismo, las colaboraciones interdisciplinarias entre neurocientíficos, psicólogos e informáticos han impulsado el desarrollo de herramientas y metodologías innovadoras para integrar datos de neuroimagen con medidas conductuales y psicofisiológicas, ampliando así el alcance y la profundidad de los estudios emocionales. A medida que las tecnologías de neuroimagen continúan evolucionando, las perspectivas futuras en la investigación emocional son sumamente prometedoras, con técnicas emergentes como la resonancia magnética de conectividad funcional, la imagen por tensor de difusión y el neurofeedback en tiempo real, que abren nuevas vías para la investigación de la interacción dinámica entre la función cerebral y los estados emocionales. Aprovechando estos avances, los investigadores están preparados para desentrañar las complejidades de la regulación emocional, la vulnerabilidad a los trastornos psicológicos y las diferencias individuales en el procesamiento emocional, allanando en última instancia el camino para intervenciones específicas y estrategias terapéuticas personalizadas en el cuidado de la salud mental.

10. Perspectivas integradoras sobre los mecanismos neurobiológicos:

La intersección de la neurociencia, la psicología y la biología ha arrojado luz sobre los mecanismos que rigen cómo el cerebro procesa y regula las emociones. Esta integración no solo ha profundizado nuestra comprensión de las experiencias emocionales, sino que también ha abierto las puertas a posibles intervenciones y tratamientos para la desregulación y los trastornos emocionales.

Una de las conclusiones clave de nuestro debate es la importancia de los avances tecnológicos en neuroimagen y estudios emocionales. La capacidad de visualizar y mapear la actividad cerebral asociada a diferentes estados emocionales ha revolucionado nuestro enfoque en el estudio de las emociones. Mediante técnicas como la resonancia magnética funcional y la tomografía por emisión de positrones, los investigadores han podido identificar correlatos neuronales de emociones específicas, dilucidando la compleja interacción entre las regiones cerebrales y los procesos emocionales.

Al profundizar en la red de vías neuronales implicadas en el procesamiento de las emociones, hemos profundizado en la comprensión del papel de estructuras como la amígdala, el hipocampo y la corteza prefrontal. Estas regiones colaboran en la orquestación de las respuestas emocionales, integrando la información sensorial, la memoria y la evaluación cognitiva para generar sentimientos subjetivos de miedo, alegría, tristeza y más. Comprender las interacciones sutiles dentro de estos circuitos neuronales tiene profundas implicaciones en cómo percibimos y gestionamos las emociones.

La influencia de los neurotransmisores y las hormonas en la regulación emocional es innegable. La serotonina, la dopamina, la noradrenalina y la oxitocina son solo algunos de los numerosos mensajeros químicos que modulan el estado de ánimo, la excitación y los vínculos sociales. Al desentrañar el delicado equilibrio de estos neuroquímicos, los científicos están profundizando en la etiología de los trastornos del estado de ánimo y explorando nuevas intervenciones farmacológicas para los trastornos emocionales.

Un componente esencial de esta perspectiva integradora implica reconocer la interacción entre la genética y las influencias ambientales en las respuestas emocionales. Cada vez hay más evidencia que sugiere que las predisposiciones genéticas pueden interactuar con factores externos para moldear el repertorio emocional de un individuo y su vulnerabilidad a las enfermedades mentales. Estos hallazgos subrayan la necesidad de enfoques personalizados para el bienestar emocional, que reconozcan los determinantes genéticos y ambientales únicos que contribuyen al panorama emocional de cada individuo.

En conclusión, el viaje a través de los fundamentos neurobiológicos de las respuestas emocionales no sólo ha ampliado nuestro conocimiento, sino que también ha subrayado la naturaleza interconectada de los factores biológicos, psicológicos y socioculturales en la configuración de nuestras experiencias emocionales.

El papel del contexto y el entorno en el condicionamiento emocional

1. Definición de variables ambientales en el aprendizaje emocional:

Para comprender el aprendizaje emocional, es crucial definir y profundizar en los diferentes factores ambientales que contribuyen a este proceso. El entorno abarca una amplia gama de elementos, como el entorno físico, las dinámicas sociales, los contextos culturales e incluso las influencias tecnológicas. Estas diversas variables interactúan con los procesos cognitivos y afectivos de un individuo para moldear el condicionamiento emocional. El entorno físico desempeña un papel fundamental en el aprendizaje emocional, ya que proporciona el contexto en el que se encuentran los estímulos emocionales. Por ejemplo, la comodidad o incomodidad de un espacio físico puede influir en la intensidad y la valencia de las reacciones emocionales. Además, la presencia de señales sensoriales específicas en un entorno puede desencadenar respuestas emocionales condicionadas, lo que refuerza aún más el vínculo entre los estímulos ambientales y las emociones aprendidas. Los entornos sociales también ejercen una influencia significativa sobre el condicionamiento emocional. Las interacciones con compañeros, familiares y miembros de la comunidad pueden moldear las respuestas emocionales mediante el modelado social y los mecanismos de refuerzo. Los contextos culturales introducen otra capa de complejidad, ya que las normas, los valores y las tradiciones configuran el panorama emocional dentro de una sociedad, influyendo en lo que provoca las respuestas emocionales y cómo se expresan. Además, los avances tecnológicos han introducido nuevas variables ambientales, como entornos virtuales y estímulos digitales, lo que abre caminos únicos para el condicionamiento emocional. Estos nuevos factores subrayan la naturaleza multifacética de las influencias ambientales en el aprendizaje emocional. Comprender y definir estas variables ambientales es fundamental para comprender integralmente los mecanismos del condicionamiento emocional y sus implicaciones para el bienestar individual y colectivo.

2. Modelos teóricos de interacciones contextuales:

Los modelos teóricos desempeñan un papel fundamental en nuestra comprensión de cómo los contextos ambientales contribuyen al proceso de aprendizaje emocional. Un marco teórico destacado es el modelo de dependencia del contexto, que postula que las respuestas emocionales no solo se ven influenciadas por estímulos específicos, sino que también dependen en gran medida del contexto en el que se producen. Esta perspectiva subraya la interacción dinámica entre el organismo y su entorno inmediato, enfatizando que las reacciones emocionales no son entidades fijas, sino que se ven continuamente moldeadas por el panorama contextual en constante cambio. Asimismo, la teoría de sistemas ecológicos, propuesta por Urie Bronfenbrenner, ofrece un marco integral para comprender la multifacética red de influencias que constituye el entorno de un individuo. Este modelo destaca las capas interconectadas de influencia, desde el entorno inmediato hasta las fuerzas sociales y culturales más amplias, y su impacto en el desarrollo y la expresión emocional. Asimismo, el modelo transaccional de la influencia ambiental propone una relación bidireccional entre el individuo y el entorno, enfatizando la naturaleza recíproca de la influencia, en la que el individuo moldea y es moldeado activamente por su entorno. Este modelo subraya la capacidad del individuo para cocrear sus experiencias emocionales en contextos específicos, lo que arroja luz sobre la compleja dinámica que interviene en el condicionamiento emocional. El modelo bioecológico, defendido por Gita Badiyan y Richard Lerner, amplía su enfoque más allá de los entornos físicos inmediatos para abarcar factores biológicos, sociales e históricos, proporcionando una perspectiva holística para comprender las respuestas emocionales en diversos contextos. Además, el modelo sociocultural profundiza en las dimensiones culturales y sociales del condicionamiento emocional, ilustrando cómo las normas, los valores y los sistemas de creencias arraigados en una cultura determinada pueden moldear profundamente los procesos emocionales. Estos modelos teóricos, en conjunto, ofrecen perspectivas clave sobre cómo las interacciones contextuales influyen en el condicionamiento emocional, ofreciendo una base sólida para investigaciones empíricas y aplicaciones prácticas en diversos entornos.

3. Impacto de los entornos sociales en las respuestas emocionales:

Desde las primeras etapas del desarrollo hasta la vida adulta, se ha demostrado que las interacciones en contextos sociales influyen significativamente en cómo las personas interpretan, expresan y regulan sus emociones. La investigación en psicología ha explorado ampliamente el impacto de las dinámicas sociales en el condicionamiento emocional y los resultados conductuales. La red de relaciones interpersonales, las normas sociales y las prácticas culturales contribuyen colectivamente a la configuración del panorama emocional de las personas. La presencia de redes sociales de apoyo y cuidado se ha asociado con una mayor resiliencia emocional y mecanismos de afrontamiento adaptativos. Por el contrario, la exposición a adversidades sociales, como el acoso escolar, la discriminación o la exclusión social, puede generar patrones emocionales desadaptativos y malestar psicológico. Además, el contagio de emociones dentro de los grupos sociales, conocido como contagio emocional, subraya la interconexión de las experiencias emocionales entre los individuos. Este fenómeno subraya la influencia recíproca de las expresiones y reacciones emocionales dentro de los círculos sociales. Asimismo, la influencia de figuras influyentes, como familiares, pares, mentores y líderes comunitarios, es crucial en la configuración del clima emocional de las personas. Sus comportamientos, actitudes y manifestaciones emocionales sirven como modelos que influyen en los procesos de aprendizaje y regulación emocional de los demás. Además, el contexto social más amplio, que abarca los valores culturales, las disparidades socioeconómicas y las normas institucionales, configura significativamente el panorama emocional. Las variaciones culturales en la expresión y regulación emocional subrayan la profunda influencia de los entornos sociales. En conjunto, estos factores contribuyen a la complejidad de las respuestas emocionales en diversos contextos sociales. Comprender el impacto de los entornos sociales en las respuestas emocionales es fundamental en diversos ámbitos, como la psicología clínica, la educación, el comportamiento organizacional y las políticas públicas.

4. Papel de los espacios físicos en los procesos de condicionamiento:

La disposición, el diseño y los atributos sensoriales de estos entornos pueden servir como potentes estímulos para el aprendizaje asociativo y la regulación emocional. Ya sea la serenidad de un paisaje natural o el bullicio de un entorno urbano, los espacios físicos tienen la capacidad de moldear nuestras experiencias emocionales de manera profunda.

Considere el impacto de la arquitectura en el condicionamiento emocional. Elementos arquitectónicos como la iluminación, la distribución del espacio y la acústica pueden crear atmósferas que evocan estados emocionales específicos. Por ejemplo, los altos techos y la elaborada ornamentación de una catedral pueden infundir sentimientos de asombro y reverencia, mientras que la intimidad de un acogedor café puede evocar una sensación de confort y relajación. Estas características ambientales pueden integrarse en el repertorio emocional de una persona, moldeando sus respuestas conductuales y afectivas posteriores en entornos similares.

El papel de los espacios físicos va más allá de la mera estética. La funcionalidad y la utilidad de un espacio también pueden modular el condicionamiento emocional. Por ejemplo, el contraste entre una biblioteca tranquila y un mercado bullicioso ilustra cómo el propósito y la actividad dentro de un espacio pueden moldear las experiencias emocionales. Mediante la exposición y el refuerzo repetidos, las personas desarrollan asociaciones emocionales contextualizadas con distintos entornos, lo que influye en sus estados afectivos e inclinaciones conductuales en esos entornos.

La interacción entre los espacios físicos y el condicionamiento emocional está vinculada al concepto de apego al lugar. Los seres humanos forman fuertes vínculos emocionales con lugares específicos, lo que les otorga un significado personal y colectivo. Estos vínculos pueden contribuir al desarrollo de esquemas emocionales vinculados a ciertos lugares, amplificando la influencia del entorno físico en las respuestas afectivas y los recuerdos. Comprender esta interacción dinámica es crucial para comprender la compleja red de factores que contribuyen al condicionamiento emocional en diversos contextos ambientales.

5. Matices culturales y perspectivas etológicas:

La interacción entre normas, creencias y prácticas culturales influye significativamente en cómo las personas perciben y responden a estímulos emocionalmente evocadores. Las perspectivas etológicas proporcionan una comprensión más profunda de la universalidad de ciertas respuestas emocionales en diferentes sociedades, a la vez que resaltan las divergencias existentes debido a contextos culturales específicos.

Las variaciones culturales en las expresiones e interpretaciones emocionales se basan en los distintos valores sociales, tradiciones y patrones de comunicación que prevalecen en las distintas comunidades. Por ejemplo, las normas que rigen la expresión de las emociones pueden variar considerablemente entre culturas, lo que influye en los procesos de condicionamiento asociados a emociones específicas. Además, las prácticas de socialización y las dinámicas familiares dentro de un grupo cultural pueden moldear las experiencias de aprendizaje emocional de un individuo, contribuyendo a diversas respuestas condicionadas.

Las perspectivas etológicas ofrecen valiosas perspectivas sobre la importancia evolutiva y adaptativa del condicionamiento emocional en las especies humanas y no humanas. Al examinar los marcos etológicos, los investigadores pueden discernir los mecanismos biológicos subyacentes que impulsan las respuestas emocionales y su modulación por factores culturales. Este enfoque interdisciplinario mejora nuestra comprensión de cómo los contextos culturales interactúan con las conductas emocionales instintivas y aprendidas, enriqueciendo el campo de los estudios sobre el condicionamiento emocional.

La investigación transcultural en etología revela las conexiones entre la diversidad cultural y la plasticidad conductual. Aclara cómo factores ecológicos, como los paisajes geográficos y la disponibilidad de recursos, contribuyen al desarrollo de repertorios emocionales distintivos en diferentes sociedades. Comprender estas complejidades fomenta una comprensión más integral de los fenómenos del condicionamiento emocional, trascendiendo los paradigmas culturales singulares para abarcar una perspectiva global.

6. Avances tecnológicos en la evaluación del contexto:

Los avances tecnológicos han revolucionado la evaluación de los factores contextuales en el condicionamiento emocional. Tradicionalmente, los investigadores se basaban en la observación manual y las evaluaciones subjetivas para identificar los estímulos ambientales que influyen en las respuestas emocionales. Sin embargo, las herramientas y metodologías contemporáneas han mejorado significativamente nuestra capacidad para capturar y analizar variables contextuales con mayor precisión y objetividad.

Una innovación notable es el uso de dispositivos portátiles de monitorización fisiológica, como relojes inteligentes y biosensores, para monitorizar continuamente la activación fisiológica y los patrones de actividad de un individuo en tiempo real. Estos dispositivos pueden proporcionar datos invaluables sobre cómo los diferentes contextos ambientales influyen en los estados emocionales del individuo, ofreciendo información sobre la dinámica del condicionamiento emocional en diferentes entornos.

La integración de tecnologías geoespaciales, como el rastreo GPS y los sistemas de información geográfica (SIG), ha permitido a los investigadores mapear y analizar espacialmente el impacto de ubicaciones y disposiciones espaciales específicas en las experiencias emocionales. Al correlacionar las respuestas emocionales con características ambientales, como paisajes urbanos, entornos naturales o entornos construidos, los investigadores pueden comprender mejor cómo las señales contextuales influyen en el aprendizaje y la expresión emocional.

Además, los avances en el análisis de datos y los algoritmos de aprendizaje automático han permitido a los investigadores procesar conjuntos de datos contextuales a gran escala con mayor eficiencia. Mediante el empleo de modelos computacionales sofisticados, se pueden identificar patrones y asociaciones entre las variables contextuales y las respuestas emocionales, lo que contribuye a una comprensión más completa de la compleja interacción entre los factores ambientales y el condicionamiento emocional.

Las tecnologías de teledetección, como la videovigilancia y la grabación de audio ambiental, también se han utilizado para captar señales contextuales sutiles que pueden provocar respuestas emocionales. Las consideraciones éticas y la privacidad son fundamentales en la aplicación de estas tecnologías, lo que exige un estricto cumplimiento de las directrices éticas y los procedimientos de consentimiento informado en las investigaciones.

Los sistemas de realidad virtual y realidad aumentada se han convertido en potentes herramientas para simular diversos escenarios ambientales y manipular elementos contextuales para estudiar su impacto en los estados emocionales. Mediante simulaciones inmersivas, los investigadores pueden exponer sistemáticamente a individuos a estímulos ambientales controlados, midiendo con precisión sus reacciones emocionales, lo que proporciona información valiosa sobre los mecanismos del condicionamiento emocional contextual.

7. Desafíos en el aislamiento de factores contextuales:

Aislar los factores contextuales en el condicionamiento emocional representa un desafío formidable para investigadores de diversas disciplinas. La interacción entre el estado interno de un individuo y el entorno externo complica la tarea de desentrañar las influencias contextuales específicas en las respuestas emocionales. Uno de los principales obstáculos para aislar los factores contextuales reside en la naturaleza dinámica de los entornos del mundo real. A diferencia de los entornos de laboratorio controlados, los contextos naturales se caracterizan por una multitud de variables interconectadas, lo que dificulta la identificación precisa de los elementos que contribuyen al condicionamiento emocional. Además, las personas experimentan el contexto de maneras muy subjetivas, lo que añade otra capa de complejidad al proceso de aislar y medir los factores contextuales.

Otro desafío importante para aislar factores contextuales se deriva de las consideraciones éticas que implica la manipulación de variables ambientales. Si bien el control experimental es crucial para una investigación rigurosa, la alteración ética de contextos reales para estudiar el condicionamiento emocional plantea inquietudes éticas sobre el posible impacto en el bienestar de los participantes. Equilibrar la necesidad de validez ecológica con los principios éticos plantea un delicado dilema para los investigadores que buscan aislar factores contextuales en estudios sobre condicionamiento emocional.

Además, la multidimensionalidad del contexto complica aún más los esfuerzos de aislamiento. El contexto abarca no solo aspectos físicos como la ubicación y los estímulos sensoriales, sino también dinámicas sociales, normas culturales y antecedentes históricos. Desentrañar las contribuciones individuales de estas diversas dimensiones contextuales a las respuestas emocionales requiere enfoques metodológicos sofisticados y diseños de investigación innovadores. Análisis estadísticos complejos y técnicas avanzadas de modelado pueden ser necesarios para desentrañar la red de factores contextuales en juego.

La posibilidad de variables de confusión es considerable al intentar aislar factores contextuales. Influencias externas, como eventos imprevistos o interacciones interpersonales, pueden distorsionar la relación entre elementos contextuales específicos y el condicionamiento emocional. Mitigar estos factores de confusión exige una planificación meticulosa y una consideración exhaustiva de las posibles fuentes de interferencia, lo que exige un mayor rigor metodológico en el estudio de las influencias contextuales en las respuestas emocionales.

DIFERENCIACIÓN Y GENERALIZACIÓN

Fundamentos de la diferenciación en las respuestas emocionales

1. Introducción:

En el ámbito de las respuestas emocionales, la diferenciación se refiere a la capacidad de percibir y expresar una amplia gama de emociones distintas con claridad y precisión. Comprender cómo las personas diferencian entre diversos estados emocionales proporciona información valiosa sobre sus procesos cognitivos y afectivos. En esencia, la diferenciación permite a las personas no solo reconocer y etiquetar emociones específicas, sino también discernir matices sutiles dentro de estados emocionales similares. El papel de la diferenciación está vinculado a constructos psicológicos clave como la inteligencia emocional, la empatía y la autoconciencia. Al analizar la capacidad de una persona para diferenciar sus respuestas emocionales, investigadores y profesionales obtienen información valiosa sobre su funcionamiento adaptativo, sus relaciones interpersonales y su bienestar general. Dentro del ámbito más amplio de las teorías psicológicas, la diferenciación en las respuestas emocionales se alinea con diversos marcos teóricos, incluyendo las perspectivas psicodinámica, cognitiva y socioemocional. Las teorías psicodinámicas enfatizan la importancia de la diferenciación emocional en el desarrollo de la estructura de la personalidad y la resolución de conflictos internos. Las teorías cognitivas subrayan el papel de la diferenciación en la configuración de la percepción, la memoria y los procesos de toma de decisiones relacionados con las experiencias emocionales. Además, las teorías socioemocionales destacan el impacto de la diferenciación en las interacciones sociales, los patrones de comunicación y la dinámica relacional. Esta exploración exhaustiva de la diferenciación en las respuestas emocionales sienta las bases para un análisis matizado de sus mecanismos subyacentes, trayectorias de desarrollo e implicaciones prácticas.

2. Diferenciación de la respuesta emocional:

La diferenciación de la respuesta emocional se refiere al proceso mediante el cual las personas perciben y responden a distintos estímulos emocionales con distintos grados de intensidad, complejidad y especificidad. En esencia, implica la capacidad de discriminar entre diferentes experiencias emocionales, reconocer sus cualidades únicas y generar respuestas afectivas personalizadas. Esta flexibilidad cognitiva y afectiva permite a las personas gestionar una amplia gama de situaciones emocionalmente cargadas con precisión y adaptabilidad.

La clave de la diferenciación de la respuesta emocional reside en la capacidad de discernir matices sutiles en los estímulos emocionales, lo que permite una categorización e interpretación más precisas de los estados afectivos. Esta discriminación matizada permite a las personas distinguir entre emociones que comparten rasgos comunes, pero que poseen características subyacentes únicas. Al identificar con precisión estas distinciones, las personas pueden modular sus reacciones emocionales de forma más granular, optimizando así su funcionamiento adaptativo en contextos sociales, interpersonales y ambientales.

La diferenciación de las respuestas emocionales abarca la capacidad de regular la intensidad y la duración de las respuestas emocionales según las exigencias específicas de una situación dada. Las personas competentes en la diferenciación de las respuestas emocionales muestran una mayor sensibilidad a las señales contextuales y son hábiles para adaptar sus expresiones afectivas a las exigencias de la situación. Esta regulación adaptativa facilita una comunicación emocional eficaz, promueve interacciones sociales armoniosas y fomenta el bienestar emocional.

La investigación psicofisiológica ha destacado el papel de diversas estructuras y mecanismos neuronales en la diferenciación de las respuestas emocionales. La interacción entre las regiones del sistema límbico, las áreas corticales prefrontales y la actividad del sistema nervioso autónomo contribuye a la diferenciación precisa de las experiencias emocionales. Además, los estudios de neuroimagen han dilucidado los correlatos neuronales asociados con el procesamiento diferencial de emociones discretas, lo que arroja luz sobre los sustratos neuronales subyacentes a los procesos de diferenciación específicos de las emociones.

3. Base fisiológica y correlatos neuronales:

La diferenciación de las respuestas emocionales está vinculada a los procesos fisiológicos y a los correlatos neuronales del cuerpo humano. Comprender las bases fisiológicas subyacentes proporciona un marco crucial para comprender la naturaleza de la diferenciación de las respuestas emocionales. Fundamentalmente, el sistema nervioso autónomo desempeña un papel fundamental en la regulación y manifestación de las respuestas emocionales diferenciadas. Este sistema comprende las ramas simpática y parasimpática, que influyen en diversas funciones corporales en respuesta a estímulos emocionales. La rama simpática, a menudo asociada con la respuesta de "lucha o huida", desencadena cambios fisiológicos como el aumento de la frecuencia cardíaca, la respiración acelerada y una mayor excitación. Por el contrario, la rama parasimpática facilita los procesos calmantes y restauradores, promoviendo la relajación y reduciendo los niveles de excitación. Estos patrones fisiológicos distintivos son esenciales para la diferenciación de las respuestas emocionales y contribuyen a la diversidad de estados emocionales que experimentan las personas. Además, los avances en neurociencia han dilucidado los sustratos neuronales implicados en la diferenciación de las respuestas emocionales. La investigación ha identificado regiones cerebrales clave, como la amígdala, la corteza prefrontal y la ínsula, como componentes integrales en el procesamiento y la codificación de las experiencias emocionales. La amígdala, reconocida por su papel en el procesamiento emocional, es fundamental para la rápida evaluación y el reconocimiento de estímulos emocionales, iniciando así respuestas fisiológicas y conductuales apropiadas. Por otro lado, la corteza prefrontal ejerce un control regulador sobre la reactividad emocional y facilita la evaluación cognitiva de los contextos emocionales, influyendo en la diferenciación de las respuestas emocionales. Además, la ínsula contribuye a la percepción subjetiva de las sensaciones corporales, fomentando la discriminación sutil de las experiencias emocionales. Asimismo, técnicas de neuroimagen, como la resonancia magnética funcional (RMf), han permitido a los investigadores visualizar la interacción dinámica entre estas regiones cerebrales durante la experiencia de diversos estados emocionales. Al delinear las interconexiones y la dinámica funcional de estas estructuras neuronales, los investigadores han obtenido información valiosa sobre los correlatos neuronales de la diferenciación de la respuesta emocional. En general, obtener una comprensión integral de los fundamentos fisiológicos y los mecanismos neuronales asociados con las respuestas emocionales diferenciadas ilumina la compleja interacción entre la mente y el cuerpo al atravesar el tapiz de las emociones humanas.

4. Manifestaciones e indicadores conductuales:

Las manifestaciones conductuales de la diferenciación de la respuesta emocional son indicadores cruciales que revelan la naturaleza del comportamiento humano en respuesta a estímulos. Estas manifestaciones conductuales abarcan un amplio espectro de acciones observables, incluyendo expresiones faciales, lenguaje corporal, respuestas verbales y cambios fisiológicos. Comprender estos indicadores conductuales proporciona información valiosa sobre los complejos procesos que subyacen a la diferenciación emocional. Las expresiones faciales son un aspecto fundamental de las manifestaciones conductuales, ya que a menudo sirven como reflejos inmediatos y sin filtrar de los estados emocionales. Los cambios sutiles en los músculos faciales y las microexpresiones pueden transmitir diferenciaciones sutiles en las respuestas emocionales, ofreciendo a investigadores y médicos una ventana al entramado de emociones humanas. Además, el lenguaje corporal desempeña un papel fundamental en la señalización de matices emocionales, ya que las posturas, los gestos y los movimientos reflejan variaciones en la diferenciación emocional. Las respuestas verbales también forman una parte importante de los indicadores conductuales, ya que la elección de palabras, el tono de voz y los patrones lingüísticos pueden transmitir matices emocionales distintivos. Además, los cambios fisiológicos, como la variabilidad de la frecuencia cardíaca, la conductancia cutánea y otras respuestas autónomas, proporcionan medidas objetivas de la diferenciación emocional. Estos indicadores conductuales multidimensionales no solo enriquecen nuestra comprensión de la diferenciación emocional, sino que también fundamentan aplicaciones prácticas en entornos clínicos y terapéuticos. El estudio de las manifestaciones conductuales en el contexto de la diferenciación emocional requiere una meticulosa atención al detalle y la integración de diversas metodologías. Los estudios observacionales, los paradigmas experimentales y las evaluaciones basadas en tecnología avanzada ofrecen enfoques valiosos para capturar y analizar indicadores conductuales con precisión y profundidad. La integración de autoinformes subjetivos con observaciones objetivas enriquece aún más la evaluación de la diferenciación emocional, proporcionando una visión integral de la complejidad de las experiencias emocionales humanas. Además, comprender la influencia de las variables contextuales en las manifestaciones conductuales es esencial para interpretar las respuestas emocionales con precisión. Los factores ambientales, la dinámica social, las normas culturales y los contextos situacionales contribuyen a la configuración de los indicadores conductuales de la diferenciación emocional. Considerar las diferencias individuales y los rasgos de personalidad añade otra capa de complejidad a la interpretación de las manifestaciones conductuales.

5. Enfoques y metodologías experimentales:

Los enfoques y metodologías experimentales desempeñan un papel fundamental para dilucidar las complejidades de la diferenciación de las respuestas emocionales. Estos enfoques están diseñados para investigar y analizar sistemáticamente los diversos componentes, factores y mecanismos que subyacen a la diferenciación de las respuestas emocionales. Los investigadores emplean una amplia gama de métodos experimentales para indagar en este fenómeno. Una metodología común consiste en experimentos de laboratorio bien estructurados en los que los participantes se exponen a estímulos cuidadosamente diseñados para provocar respuestas emocionales específicas. Estos estímulos pueden abarcar desde imágenes visuales y señales auditivas hasta experiencias de realidad virtual más inmersivas, lo que permite investigaciones controladas, pero ecológicamente válidas. Además, se suelen integrar medidas fisiológicas como la variabilidad de la frecuencia cardíaca, la conductancia cutánea y las técnicas de neuroimagen para proporcionar una comprensión integral de los procesos neuronales y fisiológicos subyacentes asociados con las respuestas emocionales diferenciadas. Asimismo, se emplean estudios longitudinales y transversales para rastrear las trayectorias de desarrollo y la estabilidad de la diferenciación de las respuestas emocionales en diferentes poblaciones y grupos de edad. Se utilizan análisis estadísticos avanzados, que incluyen enfoques multivariados y algoritmos de aprendizaje automático, para desentrañar patrones y relaciones complejas dentro de los conjuntos de datos obtenidos mediante estudios experimentales. Cabe destacar que las colaboraciones interdisciplinarias entre psicólogos, neurocientíficos y tecnólogos han dado lugar al desarrollo de metodologías innovadoras que combinan evaluaciones conductuales con avances tecnológicos de vanguardia, ofreciendo así nuevos conocimientos sobre la diferenciación de las respuestas emocionales. Este proceso iterativo de perfeccionamiento y actualización de los enfoques y metodologías experimentales es esencial para garantizar la investigación y la comprensión rigurosas de las respuestas emocionales diferenciadas, sentando las bases para futuros avances en este campo.

6. Influencia de las variables contextuales:

La influencia de las variables contextuales en la diferenciación de la respuesta emocional es un área de estudio compleja y multifacética dentro del campo del condicionamiento emocional. Las variables contextuales abarcan una amplia gama de factores ambientales y situacionales que pueden modular las experiencias y expresiones emocionales de un individuo. Estas variables pueden incluir, entre otras, señales sociales, normas culturales, entornos físicos y dinámicas temporales. Comprender cómo las variables contextuales moldean las respuestas emocionales es esencial para dilucidar integralmente las complejidades del comportamiento y la emoción humanos. Un aspecto clave de las variables contextuales es su papel en la mediación de la evaluación de los estímulos emocionales. El contexto en el que se encuentra un estímulo emocional puede afectar significativamente la interpretación y evaluación del estímulo, influyendo posteriormente en la intensidad y valencia de la respuesta emocional. Por ejemplo, la misma expresión facial mostrada en diferentes contextos sociales puede provocar reacciones emocionales distintas, lo que resalta la importancia del contexto en la configuración de la diferenciación emocional. Además, las variables contextuales también pueden actuar como moderadores de la expresión emocional. Las normas sociales y las exigencias situacionales rigen la aceptabilidad y pertinencia de ciertas manifestaciones emocionales, lo que lleva a los individuos a modular sus respuestas emocionales en función de las señales contextuales predominantes. Además, los factores contextuales pueden interactuar con los procesos cognitivos y las estrategias de regulación emocional de un individuo, moldeando aún más la diferenciación de las respuestas emocionales. Las variaciones culturales en las reglas y normas de manifestación emocional proporcionan evidencia convincente del profundo impacto de las variables contextuales en la capacidad de respuesta emocional. Además, no debe pasarse por alto la dimensión temporal de las variables contextuales. Las emociones experimentadas en un contexto temporal específico pueden diferir de las experimentadas en otro período de tiempo, lo que enfatiza la naturaleza dinámica de las influencias contextuales en la diferenciación emocional. Comprender la interacción entre las variables contextuales y las respuestas emocionales tiene implicaciones sustanciales en varios dominios, incluyendo la psicología clínica, las relaciones interpersonales y el comportamiento organizacional.

7. El papel de las diferencias individuales y la personalidad:

Las diferencias individuales abarcan una amplia gama de características, incluyendo, entre otras, rasgos, preferencias, creencias, valores y estilos cognitivos. Todos estos pueden influir significativamente en las respuestas emocionales de un individuo a diversos estímulos. La personalidad, como constructo complejo y multifacético, configura aún más la forma en que los individuos perciben, interpretan y expresan sus emociones, lo que influye en sus respuestas diferenciales.

Uno de los factores clave que influye en la diferenciación de la respuesta emocional es el temperamento individual, que constituye sus tendencias emocionales y conductuales innatas. Las investigaciones han indicado que individuos con diferentes perfiles temperamentales pueden exhibir distintos grados de sensibilidad, reactividad y adaptabilidad a los estímulos emocionales, lo que conduce a diversos patrones de diferenciación en sus respuestas emocionales. Además, ciertos rasgos de personalidad, como el neuroticismo, la extroversión, la apertura, la meticulosidad y la amabilidad, se han vinculado a distintos patrones de diferenciación de la respuesta emocional. Por ejemplo, individuos con un alto nivel de neuroticismo pueden mostrar una mayor reactividad emocional y menores niveles de diferenciación, mientras que aquellos con un alto nivel de meticulosidad pueden exhibir respuestas emocionales más reguladas y diferenciadas.

Además, no puede pasarse por alto la influencia de los procesos cognitivos en la diferenciación de las respuestas emocionales. Las variaciones en los estilos cognitivos, los mecanismos de procesamiento de la información y los sesgos atencionales contribuyen a las diferencias individuales en la percepción, evaluación y modulación de las experiencias emocionales. Además, los contextos culturales y familiares desempeñan un papel fundamental en la configuración de las actitudes de un individuo hacia las emociones, sus estrategias de regulación y sus conductas expresivas, lo que influye en su nivel de diferenciación en las respuestas emocionales.

Las implicaciones de las diferencias individuales y los rasgos de personalidad para la diferenciación de la respuesta emocional trascienden los conceptos teóricos y se extienden a contextos prácticos como las intervenciones clínicas, la psicoterapia y los entornos educativos. Adaptar los enfoques terapéuticos según el perfil de personalidad único de cada individuo y sus patrones de diferenciación emocional es prometedor para mejorar los resultados del tratamiento y promover el bienestar emocional. De igual manera, comprender estos factores en los contextos educativos puede ayudar a los educadores a diseñar experiencias de aprendizaje personalizadas que consideren la diversa capacidad de respuesta emocional de los estudiantes, fomentando así un entorno académico propicio e inclusivo.

8. Integración con los conceptos originales de Watson:

La integración de la diferenciación en las respuestas emocionales con los conceptos originales de Watson representa un avance significativo en la comprensión de los matices y complejidades del condicionamiento emocional. Basándose en el trabajo fundacional de Watson, la incorporación del concepto de diferenciación proporciona un marco más completo para examinar cómo los estímulos emocionales provocan diversas respuestas en los individuos. Al integrar este aspecto, podemos profundizar en la complejidad de las reacciones emocionales, arrojando luz sobre la diversa gama de respuestas observadas en situaciones del mundo real. Esta integración enriquece nuestra comprensión de los procesos de condicionamiento emocional y sus implicaciones para la teoría psicológica y la práctica clínica. Desde la perspectiva de los principios originales de Watson, el papel de la diferenciación se hace evidente para dilucidar la heterogeneidad de las respuestas emocionales en el contexto de la generalización de estímulos. Al reconocer la naturaleza individualizada de las experiencias emocionales, esta integración mejora la aplicabilidad y la relevancia de las teorías de Watson en la investigación contemporánea y en entornos prácticos. Además, la alineación de la diferenciación con los conceptos originales de Watson fomenta una perspectiva más holística del condicionamiento emocional, enfatizando la naturaleza multifacética de las respuestas emocionales humanas. Esta integración también subraya la interacción dinámica entre las señales ambientales, los estímulos emocionales y las asociaciones aprendidas, un aspecto clave del marco teórico de Watson. Asimismo, al integrar la diferenciación, acortamos la distancia entre los principios básicos del condicionamiento y las manifestaciones de las respuestas emocionales en diversos contextos. Esta síntesis abre la puerta a la exploración de nuevas dimensiones del condicionamiento emocional, allanando el camino para enfoques de investigación innovadores e intervenciones terapéuticas perfeccionadas. Mediante esta integración, los conceptos originales de Watson se revitalizan y enriquecen, ofreciendo una comprensión renovada de los fenómenos del condicionamiento emocional que explica la naturaleza diversa y matizada de las emociones humanas. A medida que continuamos explorando las sinergias entre la diferenciación y las teorías originales de Watson, descubrimos una riqueza de conocimientos que profundizan nuestra comprensión de los procesos de condicionamiento emocional y sus amplias implicaciones. Esta integración no sólo honra las contribuciones de Watson al campo, sino que también impulsa sus teorías a la vanguardia del discurso contemporáneo sobre las respuestas y el comportamiento emocional.

9. Implicaciones para futuras investigaciones:

La integración de la diferenciación en las respuestas emocionales con los conceptos originales de Watson abre una prometedora vía para futuras investigaciones. Un área crucial de investigación futura reside en desentrañar los fundamentos neurobiológicos de las respuestas emocionales diferenciadas. Explorar los correlatos neuronales y los mecanismos fisiológicos asociados con la diferenciación de estímulos emocionales puede proporcionar información valiosa sobre los procesos que subyacen al condicionamiento emocional. Además, la exploración de cómo las variables contextuales interactúan con la diferenciación en las respuestas emocionales representa un terreno fértil para futuros estudios. Investigar la influencia de los contextos situacionales en el proceso de diferenciación y su impacto en la reactividad emocional tiene el potencial de avanzar en nuestra comprensión del condicionamiento emocional. Asimismo, profundizar en el papel de las diferencias individuales y los rasgos de personalidad en la modulación de las respuestas emocionales diferenciadas ofrece un camino interesante para futuras investigaciones. Comprender cómo las dimensiones de la personalidad configuran la capacidad de diferenciar estímulos emocionales puede contribuir significativamente a la personalización de intervenciones y tratamientos en entornos clínicos. Además, la adopción de diversos enfoques y metodologías experimentales, como las técnicas avanzadas de imagenología y las evaluaciones conductuales, puede enriquecer nuestra comprensión de las respuestas emocionales diferenciadas. El uso de metodologías multimodales permite una investigación exhaustiva de la compleja interacción entre factores psicológicos, fisiológicos y ambientales en la configuración de la diferenciación emocional. Asimismo, futuras investigaciones deberían buscar dilucidar las implicaciones prácticas de las respuestas emocionales diferenciadas en situaciones reales. El uso de ejemplos de casos y métodos de evaluación ecológica momentánea podría arrojar luz sobre cómo se manifiestan las respuestas emocionales diferenciadas en entornos naturalistas y su importancia para influir en el comportamiento y la toma de decisiones. Finalmente, la exploración de las manifestaciones transculturales de la diferenciación emocional presenta una vía fascinante para futuras investigaciones. Examinar cómo las normas y valores culturales influyen en el proceso de diferenciación y generalización en el condicionamiento emocional puede brindar información valiosa sobre la universalidad o especificidad cultural de estos fenómenos. En general, abordar estas direcciones para futuras investigaciones tiene el potencial de profundizar nuestra comprensión del condicionamiento emocional y ampliar la aplicabilidad de la diferenciación en diversos dominios, desde la psicología clínica hasta los contextos sociales y organizacionales.

Mecanismos de generalización en el condicionamiento emocional

1. Fundamentos teóricos:

Los mecanismos de generalización abarcan el amplio espectro de respuestas psicológicas y adaptaciones conductuales que van más allá de los estímulos específicos inicialmente asociados con una experiencia emocional. En esencia, la generalización postula que las respuestas condicionadas a un estímulo específico se amplían para abarcar estímulos similares, revelando así la complejidad subyacente del procesamiento emocional humano. Los marcos teóricos que sustentan este fenómeno provienen de diversas disciplinas, como el conductismo, la psicología cognitiva y la neurociencia. Un principio fundamental de estos fundamentos es el principio de generalización de estímulos, que afirma que los organismos generalizan sus respuestas aprendidas a estímulos nuevos que comparten características perceptuales con el estímulo condicionado original. Este proceso se guía por la similitud perceptual entre los estímulos originales y nuevos, lo que ofrece una comprensión profunda de los mecanismos que rigen el aprendizaje emocional. Además, la integración de las teorías cognitivas subraya el papel de las representaciones mentales y los procesos de categorización en la determinación del alcance de la generalización. Cabe destacar que el panorama teórico también abarca debates sobre el impacto de los factores contextuales y las señales situacionales en el proceso de generalización. El análisis de la interacción entre estas diversas perspectivas teóricas revela la naturaleza multifacética de la generalización y sus implicaciones para la comprensión de la reactividad emocional humana. Además, los avances en la investigación neurocientífica han dilucidado aún más los sustratos neuronales asociados con la generalización, arrojando luz sobre la interacción entre los procesos cognitivos y afectivos.

2. Comparativa con la diferenciación:

Mientras que la generalización implica la extensión de las respuestas condicionadas a estímulos similares al estímulo condicionado original, la diferenciación se refiere a la capacidad de discriminar entre estímulos similares pero distintos para obtener respuestas específicas. Una distinción clave entre generalización y diferenciación reside en sus respectivos roles en la formación y modulación de las respuestas emocionales. La generalización, arraigada en la naturaleza adaptativa del condicionamiento, permite la ampliación de las respuestas condicionadas para asegurar la transferencia de las asociaciones aprendidas a estímulos nuevos con características compartidas. Por otro lado, la diferenciación sirve como protección contra la obtención indiscriminada de respuestas, permitiendo a los organismos discernir diferencias significativas entre estímulos y responder selectivamente.

El análisis comparativo subraya aún más la naturaleza dinámica de la generalización y la diferenciación en la configuración del condicionamiento emocional. Si bien la generalización facilita la transferencia eficiente de las respuestas aprendidas entre variantes de estímulos, la diferenciación actúa como un mecanismo regulador que previene la sobregeneralización y promueve la discriminación matizada. Comprender este delicado equilibrio es crucial para desentrañar las complejidades del procesamiento y la conducta emocionales.

Examinar la interrelación entre la generalización y la diferenciación arroja luz sobre sus implicaciones para las aplicaciones clínicas. Las intervenciones terapéuticas eficaces requieren una comprensión integral de cómo estos mecanismos interactúan e influyen en las respuestas emocionales en diversos contextos. Al delinear la dinámica entre la generalización y la diferenciación, los profesionales pueden adaptar los enfoques terapéuticos para optimizar el aprendizaje emocional y mitigar las respuestas desadaptativas.

Además, los hallazgos del análisis comparativo ofrecen valiosas implicaciones para el diseño experimental y las metodologías de investigación en el campo del condicionamiento emocional. Al considerar cuidadosamente la interacción entre la generalización y la diferenciación, los investigadores pueden refinar paradigmas para dilucidar los matices del aprendizaje y la conducta emocional. Además, reconocer la influencia recíproca entre estos mecanismos abre el camino a investigaciones innovadoras que abordan las lagunas en la comprensión actual e impulsan el avance del campo.

3. Vías neuronales y fundamentos fisiológicos:

Los procesos que subyacen al condicionamiento emocional y la generalización están estrechamente relacionados con los mecanismos neurobiológicos y fisiológicos del cerebro humano. En el ámbito del condicionamiento emocional, las vías neuronales desempeñan un papel fundamental en la formación y perpetuación de las respuestas aprendidas. En concreto, la amígdala, un conjunto de núcleos con forma de almendra ubicado en el lóbulo temporal, se considera a menudo el centro neurálgico del procesamiento de los estímulos emocionales. Diversos estudios han demostrado sistemáticamente que la amígdala participa tanto en la adquisición como en la expresión de respuestas condicionadas de miedo, lo que destaca su importancia en el aprendizaje emocional. Además, la interacción entre la amígdala y otras regiones, como la corteza prefrontal, modula aún más la compleja gama de respuestas emocionales observadas en los individuos.

Comprender los fundamentos fisiológicos del condicionamiento emocional implica profundizar en la interacción entre neurotransmisores y hormonas. Por ejemplo, la liberación de neurotransmisores como la dopamina, la serotonina y la noradrenalina se ha vinculado a la consolidación y recuperación de recuerdos con carga emocional, lo que influye en el proceso de generalización. Además, el sistema endocrino ejerce su influencia mediante la liberación de hormonas relacionadas con el estrés, como el cortisol, que puede potenciar la codificación de experiencias emocionales y su posterior generalización a través de estímulos.

En el contexto de la generalización, las interacciones dinámicas dentro de los circuitos neuronales contribuyen significativamente a la transferencia de respuestas aprendidas a través de señales ambientales similares. La investigación ha dilucidado el fenómeno de la plasticidad neuronal, en el que la conectividad y la fuerza de las vías sinápticas se alteran dinámicamente en respuesta a la información ambiental. Esta neuroplasticidad sirve de base para la generalización de las respuestas emocionales, ya que el cerebro integra información sensorial dispar para formar redes asociativas que facilitan la extensión de las respuestas emocionales condicionadas a estímulos similares a la señal condicionada original.

Los recientes avances en neurociencia han arrojado luz sobre el papel de las técnicas de neuroimagen para desentrañar los sustratos neuronales de las respuestas emocionales generalizadas. Los estudios de resonancia magnética funcional han proporcionado información valiosa sobre los patrones de activación de diversas regiones cerebrales durante el procesamiento emocional generalizado, ofreciendo evidencia empírica que sustenta los marcos teóricos. Estas investigaciones son fundamentales para delinear los correlatos neuronales específicos asociados con la generalización del condicionamiento emocional, lo que enriquece nuestra comprensión de las vías neuronales subyacentes y la dinámica fisiológica que rigen este fenómeno.

4. Papel de las señales ambientales en la generalización:

La generalización en el condicionamiento emocional implica la extensión de las respuestas aprendidas a estímulos similares al estímulo condicionado. Un aspecto significativo que contribuye a la generalización es el papel de las señales ambientales. Estas señales abarcan una amplia gama de estímulos sensoriales, como estímulos visuales, auditivos, olfativos y táctiles, que pueden asemejarse o compartir ciertas características con el estímulo condicionado original. Estas señales desempeñan un papel fundamental en la configuración del proceso de generalización y pueden influir en la fuerza y la especificidad de las respuestas condicionadas. Comprender la relación entre las señales ambientales y la generalización es crucial para comprender las complejidades del condicionamiento emocional. Por ejemplo, en un experimento clásico de condicionamiento Pavloviano, la presencia de señales contextuales específicas, como el lugar donde se produjo el condicionamiento o el ruido de fondo presente durante el mismo, influyó significativamente en el grado de generalización de la respuesta condicionada. Además, estudios han demostrado que los contextos ambientales ricos en señales familiares pueden promover una generalización más robusta en comparación con entornos nuevos o ambiguos. Esto resalta la importancia de la familiaridad ambiental y su influencia en la generalización de las respuestas emocionales. Además, el papel de las señales ambientales en la generalización tiene implicaciones prácticas en diversos ámbitos, como la psicología clínica y las intervenciones conductuales. Los entornos terapéuticos suelen aprovechar las señales ambientales para facilitar la transferencia de los mecanismos de afrontamiento aprendidos y las estrategias de regulación emocional de las sesiones de terapia estructurada a contextos de la vida real. Al incorporar estratégicamente señales ambientales relevantes en el entorno terapéutico, los profesionales clínicos pueden mejorar la generalización de las respuestas emocionales adaptativas más allá del ámbito clínico. Asimismo, el análisis de la generalización basada en señales ambientales proporciona información valiosa sobre los procesos subyacentes del aprendizaje asociativo y la consolidación de la memoria. Arroja luz sobre cómo las características ambientales se integran en las representaciones neuronales de las asociaciones emocionales aprendidas, influyendo así en la amplitud y precisión de la generalización.

5. Factores que influyen en el grado de generalización:

La generalización en el condicionamiento emocional no es un proceso uniforme y puede verse influenciada por diversos factores que determinan su alcance. Un factor crucial es la similitud entre el estímulo condicionado (EC) y los estímulos presentes durante la fase de condicionamiento. Diversas investigaciones han demostrado que cuanto más similar sea el EC a otros estímulos del entorno, mayor será la probabilidad de generalización. Este principio es coherente con el concepto de generalización del estímulo y subraya el impacto de la similitud perceptual en el proceso de generalización. Además, la proximidad temporal entre el estímulo condicionado y el estímulo incondicionado (EI) puede afectar la generalización. Una mayor contigüidad temporal puede conducir a una generalización más amplia a medida que la asociación entre el EC y el EI se hace más evidente, lo que resulta en un espectro más amplio de estímulos que provocan respuestas emocionales similares. Además, el contexto en el que se produce el condicionamiento desempeña un papel importante a la hora de determinar el grado de generalización. Un cambio de contexto durante la fase de condicionamiento o en pruebas posteriores puede inhibir la generalización, mientras que un contexto consistente la facilita. Asimismo, las diferencias individuales en procesos cognitivos, como la atención y la memoria, pueden modular el grado de generalización. Por ejemplo, las personas con sesgos atencionales elevados hacia ciertos estímulos pueden exhibir efectos de generalización más pronunciados. La valencia emocional de los estímulos condicionados también influye en la generalización. Los estímulos asociados con una valencia emocional fuerte tienen mayor probabilidad de conducir a una generalización amplia en comparación con los estímulos neutros o de valencia débil. Además, la presencia de múltiples estímulos condicionados superpuestos puede amplificar la generalización, ya que el efecto acumulativo de asociaciones similares amplía el rango de estímulos que provocan respuestas emocionales comparables. Estos factores, en conjunto, subrayan la interacción de elementos cognitivos, perceptuales y contextuales en la configuración del grado de generalización en el condicionamiento emocional.

6. Generalización a través de las etapas del desarrollo:

La generalización en el condicionamiento emocional es un fenómeno complejo que se manifiesta de forma diferente en las distintas etapas del desarrollo. Durante la infancia y la primera infancia, el proceso de generalización se ve influenciado por el rápido desarrollo neurobiológico y cognitivo que se produce durante este período. Los bebés tienden a generalizar sus respuestas emocionales ante estímulos similares a medida que empiezan a diferenciar entre diversas señales ambientales. Esta etapa temprana sienta las bases para los procesos de generalización posteriores, moldeando las respuestas emocionales del individuo en años posteriores.

A medida que los niños entran en la infancia media y la adolescencia, su capacidad de generalización se perfecciona. Las habilidades cognitivas, como el razonamiento abstracto y la adopción de perspectivas, se expanden, dando lugar a formas de generalización más sofisticadas. Los adolescentes comienzan a aplicar las respuestas emocionales aprendidas a diversos contextos, demostrando una mayor propensión a generalizar los estímulos emocionales basándose en similitudes conceptuales en lugar de perceptuales. Este período del desarrollo marca un cambio significativo en el alcance y la complejidad de la generalización, a medida que los individuos regulan la interacción entre los estados emocionales internos y los estímulos externos.

En la edad adulta, el proceso de generalización refleja la acumulación de experiencias y asociaciones aprendidas. La interacción sutil entre la evaluación cognitiva y la expresión emocional configura la generalización de las respuestas emocionales en adultos. La capacidad de modular y generalizar las emociones en diferentes situaciones se vuelve fundamental para el funcionamiento adaptativo en los ámbitos personal, social y profesional. Además, las variaciones individuales en la tendencia a la generalización se acentúan, influenciadas por factores como los rasgos de personalidad, el contexto cultural y las experiencias vitales.

7. Implicaciones para las intervenciones terapéuticas:

Comprender cómo las respuestas emocionales se generalizan ante los estímulos permite a los terapeutas diseñar estrategias de tratamiento más eficaces para personas con diversos trastornos psicológicos. Al aprovechar los principios de generalización, los terapeutas pueden adaptar las terapias de exposición para abordar desencadenantes específicos y mejorar la eficacia de las técnicas de desensibilización. Además, comprender los mecanismos de generalización permite a los profesionales clínicos abordar la transferencia de respuestas emocionales en diferentes contextos y situaciones. Esta comprensión es vital para desarrollar planes de intervención integrales que buscan promover la regulación emocional y la resiliencia en los pacientes. Asimismo, el conocimiento de la generalización facilita la identificación de posibles desencadenantes y las respuestas asociadas, lo que facilita el desarrollo de estrategias de afrontamiento personalizadas y técnicas de gestión de las emociones. Asimismo, conocer los factores que influyen en el grado de generalización ayuda a los terapeutas a ajustar las intervenciones para optimizar los resultados para cada individuo. Cuando se aplica dentro de un marco terapéutico, comprender los mecanismos de generalización puede mejorar la precisión y la eficacia de las intervenciones cognitivo-conductuales, contribuyendo a mejores resultados del tratamiento y al manejo de los síntomas a largo plazo. En general, las implicaciones de los mecanismos de generalización para las intervenciones terapéuticas subrayan la importancia de integrar la investigación empírica sobre el condicionamiento emocional en la práctica clínica, con el potencial de mejorar significativamente la calidad de la atención brindada a las personas que luchan con la desregulación emocional y los desafíos de salud mental relacionados.

Evidencia experimental que respalda los principios de Watson

1. Enfoques metodológicos - Diseño y ejecución:

La fase de diseño de un experimento se caracteriza por la cuidadosa selección de variables, incluyendo los estímulos que se presentarán, el entorno en el que se desarrollará el experimento y los participantes o sujetos involucrados. El proceso implica definir claramente la pregunta de investigación e identificar las hipótesis específicas que guiarán el estudio. La selección de grupos experimentales y de control apropiados es fundamental para abordar las variables de confusión y establecer la causalidad en los patrones de respuesta emocional.

La ejecución del diseño experimental exige una atención minuciosa al detalle y el cumplimiento de procedimientos estandarizados. Las consideraciones éticas deben ser primordiales para salvaguardar el bienestar de los participantes, ya sean humanos o animales. El consentimiento informado, la confidencialidad y el trato humano son prerrequisitos éticos fundamentales en la ejecución de metodologías experimentales. Además, la implementación precisa de las presentaciones de estímulos, los protocolos de recolección de datos y la calibración de los instrumentos de medición son elementos clave para garantizar la integridad y precisión de los resultados.

El registro y la documentación meticulosos de los detalles de los procedimientos son fundamentales para la reproducibilidad y la transparencia de la investigación científica. Esto implica una gestión integral de los datos y el registro sistemático de las observaciones y mediciones experimentales. Un control de calidad riguroso es esencial para mitigar las fuentes de error y sesgo, mejorando así la solidez de los hallazgos.

Validar la fiabilidad de los enfoques metodológicos elegidos es fundamental para establecer la credibilidad y validez de los resultados experimentales. Los análisis estadísticos, las evaluaciones de fiabilidad entre evaluadores y la triangulación de datos de múltiples fuentes contribuyen a la validación integral de la metodología empleada. Además, la revisión por pares y los estudios de replicación consolidan la solidez y la generalización de los hallazgos.

2. Estudios pioneros - La obra fundacional de Watson:

Los estudios fundamentales de John B. Watson, en particular su trabajo con Little Albert, no solo aportaron evidencia empírica de los principios del condicionamiento emocional, sino que también abrieron nuevas vías para explorar las complejidades del comportamiento y la emoción humanos. El enfoque de Watson para el diseño y la ejecución experimental representó una desviación significativa de los métodos introspectivos predominantes en su época. Mediante el empleo de la observación rigurosa del comportamiento y la manipulación sistemática de estímulos, estableció un marco metodológico que enfatizaba la objetividad y la cuantificabilidad en la investigación psicológica. La precisión y el detalle con los que documentó el proceso de condicionamiento de Little Albert establecieron un nuevo estándar de rigor experimental en la disciplina y siguen sirviendo de modelo para la investigación contemporánea.

El trabajo fundacional de Watson trascendió el ámbito del laboratorio, buscando aplicar sus hallazgos a ámbitos prácticos como la publicidad y la educación. Sus esfuerzos en estas áreas subrayaron el amplio impacto de su investigación en la sociedad, demostrando las profundas implicaciones de comprender el condicionamiento emocional. Además, su énfasis en las influencias ambientales por encima de los factores innatos cuestionó las perspectivas predominantes sobre los determinantes del comportamiento, lo que generó un debate continuo y moldeó los desarrollos teóricos posteriores.

3. Replicación y validación de hallazgos experimentales:

Basándose en el trabajo fundacional de Watson, académicos e investigadores contemporáneos se han esforzado por replicar y validar la evidencia empírica que respalda los principios del condicionamiento emocional. Este riguroso proceso implica la duplicación meticulosa de procedimientos experimentales y la posterior verificación de los resultados obtenidos. Al adherirse a estrictos estándares metodológicos, los científicos buscan reforzar la solidez y la generalización de las teorías de Watson en diversos contextos y poblaciones.

Numerosos estudios seminales han replicado con éxito los principios fundamentales del condicionamiento emocional, originalmente expuestos por Watson. Estos esfuerzos de replicación han subrayado la estabilidad y consistencia de las respuestas emocionales condicionadas en diversos estímulos y entornos. Además, el proceso de validación implica el análisis de los resultados experimentales mediante revisión por pares, análisis estadísticos y colaboraciones interdisciplinarias. Mediante esta evaluación multifacética, se examina rigurosamente la validez y fiabilidad de las respuestas observadas, lo que contribuye al establecimiento de una sólida base empírica para los fenómenos del condicionamiento emocional.

La importancia de la replicación y la validación va más allá de la mera confirmación de hallazgos previos; sirve como mecanismo para el refinamiento y avance de los marcos teóricos. A medida que los investigadores replican y validan resultados experimentales, descubren matices y variaciones que enriquecen nuestra comprensión de los procesos de condicionamiento emocional. Estos hallazgos abren caminos para refinar los modelos existentes y conceptualizar nuevos paradigmas que puedan explicar de forma integral las complejidades del condicionamiento emocional. Cabe destacar que la integración de técnicas avanzadas de neuroimagen y mediciones psicofisiológicas ha reforzado el proceso de validación, ofreciendo información detallada sobre los sustratos neuronales y las características fisiológicas de las respuestas emocionales condicionadas.

4. Análisis cuantitativo de respuestas condicionadas:

Los investigadores utilizan diversas métricas para medir la intensidad, frecuencia y duración de las respuestas condicionadas ante diversos estímulos. Mediante rigurosos análisis estadísticos, los investigadores delinean los patrones de adquisición, extinción y restablecimiento de respuestas, lo que permite una comprensión integral de los matices inherentes al condicionamiento emocional. Además, herramientas de medición sofisticadas, como los índices psicofisiológicos, las técnicas de neuroimagen y las mediciones conductuales, permiten la cuantificación precisa de las reacciones emocionales, proporcionando información valiosa sobre los mecanismos subyacentes de las respuestas condicionadas. Asimismo, los avances en el modelado computacional han facilitado el desarrollo de algoritmos sofisticados para el análisis de conjuntos de datos a gran escala, lo que enriquece nuestra comprensión de la naturaleza dinámica de las respuestas emocionales condicionadas. En definitiva, un análisis cuantitativo exhaustivo de las respuestas condicionadas no solo mejora la validez empírica de las teorías del condicionamiento emocional, sino que también sienta las bases para el desarrollo de intervenciones específicas en contextos clínicos y terapéuticos.

5. Perspectivas cualitativas sobre las reacciones emocionales:

Si bien las medidas cuantitativas proporcionan datos numéricos valiosos sobre la intensidad y la frecuencia de las respuestas condicionadas, las evaluaciones cualitativas ofrecen una comprensión más profunda de los matices y las experiencias subjetivas asociadas con las reacciones emocionales. En el ámbito del condicionamiento emocional, la comprensión cualitativa sirve de puente entre las conductas observables y los procesos psicológicos subyacentes.

La comprensión cualitativa de las reacciones emocionales abarca un espectro de componentes perceptuales, cognitivos y afectivos que contribuyen a la experiencia holística de un individuo. Mediante el análisis cualitativo, los investigadores pueden captar las sutilezas de matices emocionales como la aprensión, la aversión o la anticipación, que podrían no ser plenamente captados por métricas cuantitativas únicamente. Este enfoque permite una comprensión más completa de cómo los estímulos condicionados provocan estados emocionales multifacéticos y configuran las respuestas conductuales.

Las indagaciones cualitativas ofrecen una plataforma para que las personas articulen sus experiencias emocionales con sus propias palabras, lo que facilita una comprensión más matizada de la naturaleza subjetiva de las reacciones emocionales. Al integrar narrativas cualitativas y relatos personales, los investigadores pueden dilucidar los elementos idiosincrásicos del condicionamiento emocional, revelando las diversas maneras en que las personas interpretan y responden a estímulos con carga emocional.

Un aspecto esencial de la comprensión cualitativa reside en la exploración de las influencias contextuales en las reacciones emocionales. Al examinar las señales ambientales, los factores situacionales y las evaluaciones cognitivas, los investigadores pueden comprender mejor los determinantes contextuales que modulan la manifestación de las respuestas emocionales condicionadas. Este enfoque multifacético reconoce la interacción dinámica entre los desencadenantes externos y el procesamiento interno, proporcionando una descripción completa de la dinámica que interviene en las reacciones emocionales.

El análisis cualitativo ofrece un medio para explorar la evolución temporal de las reacciones emocionales a lo largo del tiempo, revelando los procesos adaptativos y los posibles cambios en los patrones de respuesta. Profundizar en la narrativa en desarrollo de las experiencias emocionales permite a los investigadores captar la naturaleza evolutiva de las respuestas condicionadas, ofreciendo una perspectiva invaluable sobre la resiliencia y la adaptabilidad del condicionamiento emocional a lo largo de períodos prolongados.

6. Estudios comparativos en sujetos animales y humanos:

Los estudios comparativos en animales y seres humanos han aportado información inestimable sobre los mecanismos fundamentales de las respuestas emocionales y el grado en que pueden generalizarse en diferentes organismos.

Un área de enfoque en los estudios comparativos ha sido el examen de las reacciones emocionales primarias tanto en animales como en humanos. Las investigaciones han indicado que ciertas emociones, como el miedo y la aversión, están profundamente arraigadas en la historia evolutiva y pueden observarse en diversas especies. Al comparar las respuestas conductuales, fisiológicas y neuronales con paradigmas de condicionamiento similares, los científicos han profundizado en la comprensión de los fundamentos biológicos comunes de las reacciones emocionales.

Estudios comparativos han facilitado la evaluación del impacto de los factores cognitivos y culturales en el condicionamiento emocional. Si bien los animales pueden exhibir predominantemente respuestas innatas o instintivas a estímulos condicionados, los humanos suelen mostrar dinámicas emocionales más complejas, influenciadas por la cognición, el lenguaje y el aprendizaje social. Este contraste no solo arroja luz sobre la importancia adaptativa del condicionamiento emocional, sino que también subraya la interacción entre las predisposiciones genéticas y las influencias ambientales.

Las implicaciones éticas de la investigación sobre el condicionamiento emocional, tanto en animales como en humanos, se han analizado exhaustivamente en estudios comparativos. Los debates sobre el bienestar de los animales que participan en experimentos, la implementación de prácticas humanitarias y la extrapolación de los hallazgos a la psicología humana han impulsado reflexiones críticas en la comunidad científica y han definido directrices para las prácticas éticas de investigación.

Además, los avances tecnológicos han permitido realizar estudios comparativos para profundizar en los sustratos neurobiológicos de las respuestas emocionales en diferentes especies. Las técnicas de neuroimagen y las evaluaciones neurofisiológicas han proporcionado un medio para comparar los circuitos neuronales que subyacen al condicionamiento emocional, ofreciendo evidencia contundente de vías y mecanismos neuronales conservados en diversos organismos.

7. Tecnologías emergentes en la medición de la respuesta emocional:

En los últimos años, los avances tecnológicos han transformado significativamente el campo de la medición de las respuestas emocionales. Los métodos tradicionales para evaluar las reacciones emocionales se basaban en gran medida en medidas subjetivas de autoinforme, que a menudo presentaban limitaciones debido a diferencias individuales y sesgos cognitivos. La aparición de tecnologías innovadoras ha proporcionado a los investigadores nuevas herramientas para capturar y cuantificar las respuestas emocionales con mayor precisión y objetividad.

Una de las tecnologías más destacadas que ha revolucionado la medición de la respuesta emocional es la resonancia magnética funcional. Al monitorizar los cambios en el flujo sanguíneo y los niveles de oxígeno en el cerebro, la resonancia magnética funcional permite a los investigadores identificar correlatos neuronales de emociones específicas y rastrear la activación de diferentes regiones cerebrales en respuesta a diversos estímulos. Esta técnica de neuroimagen no invasiva ofrece información valiosa sobre los mecanismos neuronales subyacentes asociados con el procesamiento emocional, allanando el camino para una comprensión más profunda del condicionamiento emocional y sus implicaciones para las intervenciones psicológicas.

Otra tecnología de vanguardia que ha despertado gran interés en el ámbito de la medición de la respuesta emocional es el análisis de la expresión facial. Con la ayuda de cámaras de alta velocidad y algoritmos sofisticados, los investigadores pueden analizar microexpresiones, movimientos faciales sutiles y cambios fisiológicos como la conductancia de la piel para evaluar con precisión el estado emocional de las personas. Este enfoque objetivo para evaluar las emociones trasciende las barreras lingüísticas y proporciona una comprensión más completa de las experiencias emocionales en diversas poblaciones.

Los biosensores portátiles se han convertido en una herramienta innovadora para la monitorización en tiempo real de marcadores fisiológicos estrechamente vinculados a la activación emocional. Estos dispositivos compactos y discretos pueden capturar datos sobre parámetros como la variabilidad de la frecuencia cardíaca, la actividad electrodérmica y la temperatura de la piel, ofreciendo información valiosa sobre la dinámica temporal de las respuestas emocionales en entornos naturales. La integración de biosensores portátiles con algoritmos de aprendizaje automático también es prometedora para el desarrollo de sistemas personalizados de reconocimiento de emociones, que se adapten a las diferencias individuales en la expresión y regulación emocional.

Además de estas innovaciones tecnológicas, la realidad virtual ha creado entornos inmersivos que evocan respuestas emocionales realistas en entornos controlados. Al simular escenarios que provocan emociones específicas, las plataformas de realidad virtual ofrecen a los investigadores una potente herramienta para estudiar la reactividad emocional y los patrones de comportamiento en contextos ecológicamente válidos. Además, la combinación de la realidad virtual con dispositivos de monitorización fisiológica permite una evaluación multidimensional de las experiencias emocionales, lo que mejora la validez ecológica de los protocolos experimentales y enriquece la comprensión del condicionamiento emocional en entornos complejos y dinámicos.

A medida que estas tecnologías emergentes continúan evolucionando y convergiendo, poseen un inmenso potencial para ampliar nuestro conocimiento sobre la medición de la respuesta emocional. Sus aplicaciones interdisciplinarias en psicología, neurociencia e interacción persona-computadora abren nuevas fronteras para la investigación de las complejidades del condicionamiento emocional, las diferencias individuales en el procesamiento emocional y el desarrollo de intervenciones terapéuticas específicas para los trastornos emocionales.

8. Síntesis de datos experimentales con modelos teóricos:

En la búsqueda de la comprensión del condicionamiento emocional humano, la síntesis de datos experimentales con modelos teóricos es una tarea crucial. Este proceso implica la integración integral de la evidencia empírica obtenida a través de diversos estudios con los marcos teóricos establecidos en psicología y ciencias del comportamiento. Mediante esta síntesis, los investigadores buscan dilucidar los mecanismos y principios subyacentes que rigen el proceso de condicionamiento emocional y sus implicaciones para el comportamiento humano. En el centro de este esfuerzo se encuentra la validación y el perfeccionamiento de los modelos teóricos existentes con base en los hallazgos empíricos derivados de experimentos cuidadosamente diseñados. Al armonizar los resultados experimentales con los constructos teóricos, los investigadores pueden acortar eficazmente la brecha entre las conceptualizaciones abstractas y las manifestaciones reales de las respuestas emocionales. Lograr esta sinergia es fundamental para avanzar en nuestra comprensión de los procesos de condicionamiento emocional, allanando así el camino para el desarrollo de modelos teóricos más precisos y completos. Además, la síntesis de datos experimentales con modelos teóricos permite una comprensión más profunda de los matices y complejidades inherentes al condicionamiento emocional. Los investigadores deben analizar una amplia gama de datos experimentales que abarcan diversas variables y contextos, integrando estos conocimientos multifacéticos en modelos teóricos coherentes que capten las complejidades de la dinámica de la respuesta emocional. Este proceso exige un análisis minucioso de la evidencia empírica, la identificación de patrones comunes y divergencias, y la formulación de marcos teóricos que puedan explicar con solidez los fenómenos observados. Además, la síntesis de datos experimentales con modelos teóricos facilita la identificación de lagunas en el conocimiento actual y el establecimiento de vías para futuras investigaciones. Al examinar críticamente la coherencia entre los hallazgos empíricos y las predicciones teóricas, los investigadores pueden identificar áreas de discrepancia o incertidumbre, delineando así nuevas direcciones para las investigaciones y refinando los fundamentos teóricos del condicionamiento emocional. Como tal, este proceso integrador no solo consolida el estado actual del conocimiento, sino que también impulsa la evolución de modelos y paradigmas teóricos, fomentando el crecimiento intelectual y la innovación. En última instancia, la síntesis de datos experimentales con modelos teóricos representa una piedra angular para avanzar en nuestra comprensión del condicionamiento emocional y ofrece una hoja de ruta académica para explorar las complejidades de las emociones y el comportamiento humanos.

Aplicaciones de la diferenciación y generalización en entornos clínicos

1. Técnicas de terapia conductual basadas en la teoría watsoniana:

Para la aplicación de los principios de Watson es fundamental el uso del análisis conductual para abordar patrones desadaptativos de comportamiento y respuestas emocionales. Al identificar los antecedentes y las consecuencias de las conductas, los terapeutas pueden desarrollar intervenciones específicas que se alinean con el énfasis de Watson en los fenómenos observables y medibles. Una de estas técnicas es la desensibilización sistemática, que aplica los principios de diferenciación y generalización para aliviar la ansiedad y las fobias mediante la exposición gradual. Mediante jerarquías cuidadosamente construidas de estímulos ansiolíticos, se guía a las personas para que afronten sus miedos mientras emplean estrategias de relajación para contrarrestar la angustia. Este enfoque ejemplifica la integración de las teorías de Watson en una modalidad terapéutica práctica y eficaz. Además, las técnicas de condicionamiento operante, como las economías de fichas, refuerzan las conductas adaptativas mediante la aplicación constante de recompensas, promoviendo así un cambio sostenible. Estas estrategias constituyen la piedra angular de las terapias cognitivo-conductuales, donde la reestructuración de patrones de pensamiento desadaptativos se complementa con la modificación de la conducta basada en los principios watsonianos. Además, las intervenciones de gestión de contingencias, que manipulan los desencadenantes ambientales para moldear las conductas deseadas, se basan directamente en las nociones de Watson sobre las relaciones estímulo-respuesta. Al comprender cómo los estímulos evocan reacciones emocionales y conductas subsiguientes, los profesionales clínicos pueden adaptar las intervenciones para fomentar respuestas adaptativas. La incorporación de estas técnicas en contextos clínicos refleja la relevancia de las contribuciones de Watson al campo de la psicología, posicionando sus principios como herramientas indispensables para promover el bienestar emocional y el cambio de conducta.

2. Papel de la diferenciación en el tratamiento de la ansiedad:

Los trastornos de ansiedad se encuentran entre los trastornos de salud mental más prevalentes y plantean importantes desafíos para el funcionamiento diario y el bienestar general de las personas. En el contexto de la teoría watsoniana, el papel de la diferenciación en el tratamiento de la ansiedad es fundamental. La diferenciación, que implica discriminar entre diversos estímulos y respuestas, es crucial para comprender y abordar los problemas relacionados con la ansiedad.

En el ámbito del tratamiento de la ansiedad, la diferenciación desempeña un papel fundamental para ayudar a las personas a reconocer y discernir los desencadenantes o señales que provocan respuestas ansiosas. Al fomentar la comprensión de los distintos estímulos y sus reacciones emocionales asociadas, los profesionales clínicos pueden ayudar a los pacientes a comprender mejor las causas específicas de su ansiedad. Mediante intervenciones específicas, las personas pueden aprender a diferenciar entre miedos racionales e irracionales, lo que les permite afrontar sus ansiedades de forma sistemática. Además, el proceso de diferenciación permite a los pacientes identificar patrones de pensamiento y respuestas conductuales desadaptativos, sentando las bases para estrategias de intervención eficaces.

La incorporación de técnicas de diferenciación en la terapia cognitivo-conductual ofrece una vía prometedora para abordar los síntomas relacionados con la ansiedad. Las intervenciones de terapia cognitivo-conductual aprovechan la diferenciación para desafiar los procesos cognitivos distorsionados y modificar patrones de comportamiento disfuncionales. Al guiar a las personas para que distingan entre amenazas reales y peligros percibidos, los terapeutas pueden facilitar el desarrollo de mecanismos adaptativos de afrontamiento y habilidades de gestión del estrés. Mediante este enfoque, los pacientes pueden replantear gradualmente sus interpretaciones de las situaciones que les provocan ansiedad, lo que reduce el malestar y mejora la regulación emocional.

Además, la diferenciación tiene implicaciones para las terapias basadas en la exposición, como la desensibilización sistemática, donde las personas se enfrentan progresivamente a los estímulos temidos mientras disciernen entre señales seguras y amenazantes. Este proceso de discriminación fomenta la habituación gradual y disminuye la respuesta de miedo exagerada característica de los trastornos de ansiedad. Al perfeccionar su capacidad para diferenciar entre estímulos inofensivos y amenazas reales, los pacientes pueden experimentar una sensación de control sobre su ansiedad, lo que en última instancia facilita un alivio duradero de los síntomas.

Es fundamental destacar la necesidad de intervenciones personalizadas basadas en la diferenciación que se adapten a las diversas manifestaciones de la ansiedad. Si bien algunas personas pueden experimentar desencadenantes fóbicos específicos, otras pueden experimentar ansiedad generalizada o inquietudes relacionadas con el pánico. Los enfoques terapéuticos deben adaptarse a las experiencias y matices perceptivos únicos de cada individuo, garantizando que las estrategias de diferenciación aborden con precisión sus manifestaciones específicas de ansiedad. Reconocer la naturaleza multifacética de la ansiedad subraya la importancia de intervenciones personalizadas y diferenciadas que atiendan las necesidades específicas de cada paciente.

3. Enfoques de generalización en el manejo de las fobias:

Las fobias, a menudo caracterizadas por miedos intensos e irracionales, pueden afectar significativamente la calidad de vida de una persona. Al abordar las fobias en entornos clínicos, comprender los principios de generalización es crucial para diseñar intervenciones terapéuticas eficaces. La generalización se refiere al proceso mediante el cual una respuesta aprendida se amplía a estímulos adicionales que comparten similitudes con el estímulo condicionado original. En el contexto del manejo de las fobias, los enfoques de generalización desempeñan un papel fundamental para ayudar a las personas a superar los miedos irracionales y las conductas de evitación asociadas.

Una estrategia comúnmente empleada consiste en la desensibilización sistemática, una técnica conductual basada en los principios de generalización. Este enfoque expone gradualmente a las personas a estímulos o situaciones temidas, a la vez que enseña técnicas de relajación para contrarrestar las respuestas de ansiedad. Al introducir sistemáticamente estímulos cada vez más similares al objeto o situación temidos, los clientes pueden aprender a generalizar sentimientos de calma y control a través de una gama más amplia de desencadenantes. Mediante este proceso, el cliente experimenta una transición del miedo y la evitación a una sensación de dominio y adaptabilidad.

El concepto de generalización de estímulos está estrechamente relacionado con la desensibilización sistemática. Este principio reconoce que las personas pueden presentar respuestas de miedo no solo al estímulo fóbico específico, sino también a estímulos similares al objeto temido. Los terapeutas emplean estrategias para fomentar la transferencia de respuestas adaptativas del estímulo tratado a estímulos relacionados, promoviendo así una reducción más completa de las reacciones fóbicas.

Otro aspecto vital de la generalización en el manejo de las fobias es la consideración del contexto y las señales ambientales. Los pacientes pueden responder inicialmente de forma positiva en la consulta del terapeuta, pero les cuesta generalizar estas respuestas en situaciones reales. Para abordar esto, los terapeutas utilizan técnicas de reestructuración cognitiva que ayudan a los pacientes a reconocer y desafiar los pensamientos irracionales que impiden la generalización. Al fomentar la conciencia de la transferibilidad de las estrategias de afrontamiento en diversos entornos, las personas pueden mejorar su capacidad para afrontar los desencadenantes fóbicos más allá del entorno terapéutico.

La terapia de exposición a la realidad virtual representa una aplicación innovadora de los principios de generalización en el manejo de las fobias. Al simular escenarios que inducen ansiedad en un entorno virtual controlado y ajustable, este enfoque facilita la generalización de respuestas adaptativas a diversas situaciones de la vida real. La naturaleza inmersiva de la realidad virtual permite la exposición repetida a los estímulos temidos, lo que promueve la generalización en una amplia gama de contextos relevantes.

4. Implicaciones para las prácticas de terapia cognitivo-conductual:

La terapia cognitivo-conductual (TCC) se ha consolidado como un enfoque destacado en el tratamiento de diversos trastornos psicológicos, empleando una metodología estructurada y centrada en el problema. Al considerar las implicaciones de las prácticas de TCC en el contexto de las teorías del condicionamiento emocional, en particular la diferenciación y la generalización, resulta evidente que estos principios pueden enriquecer significativamente el proceso terapéutico. Al integrar los conceptos watsonianos en la TCC, los terapeutas pueden adaptar las intervenciones para abordar las respuestas emocionales individualizadas y ampliar el alcance de las técnicas de exposición en la terapia.

Incorporar la diferenciación en la TCC implica una mayor conciencia de los desencadenantes emocionales únicos de cada paciente. Esto requiere una evaluación exhaustiva y la identificación de estímulos específicos que provocan respuestas emocionales primarias y secundarias. Mediante la desensibilización sistemática y la exposición gradual a estos desencadenantes, la TCC puede introducir intervenciones diferenciadas dirigidas a reacciones emocionales específicas, optimizando así los resultados del tratamiento. Además, la incorporación de principios de generalización en la TCC permite la transferencia de las respuestas aprendidas del entorno terapéutico a situaciones reales. Los terapeutas pueden facilitar la generalización de los mecanismos de afrontamiento adaptativos promoviendo ejercicios de exposición en diversos contextos, fomentando la aplicación de las habilidades recién adquiridas más allá del entorno terapéutico.

La integración de los principios del condicionamiento emocional con la TCC permite desarrollar estrategias de intervención más personalizadas y eficaces para diversas presentaciones clínicas. Al reconocer el papel del aprendizaje implícito y las asociaciones emocionales, los terapeutas pueden personalizar las tareas de reestructuración cognitiva para abordar las respuestas emocionales condicionadas. Este enfoque matizado mejora la eficacia de la TCC para aliviar la sintomatología y promover una regulación emocional duradera en los pacientes.

La evidencia empírica también ha subrayado la eficacia de combinar los principios de diferenciación y generalización en los protocolos de TCC. Estudios de investigación han demostrado la utilidad de integrar técnicas de condicionamiento emocional con la TCC en el tratamiento de trastornos de ansiedad, fobias y trastorno de estrés postraumático. Estos hallazgos respaldan contundentemente la integración de los principios watsonianos en las prácticas contemporáneas de TCC y destacan el potencial para mejorar los resultados del tratamiento al abordar respuestas emocionales complejas.

Dada la naturaleza multifacética del condicionamiento emocional, es imperativo que los profesionales reciban formación especializada para implementar eficazmente estos principios en la TCC. Los programas de formación que enfatizan la integración de la diferenciación y la generalización con las modalidades establecidas de TCC pueden dotar a los terapeutas de las habilidades necesarias para optimizar las intervenciones terapéuticas. Además, la supervisión y la mentoría continuas son fundamentales para perfeccionar la aplicación de las teorías watsonianas en el dinámico panorama de la TCC.

5. Integración con métodos psicoterapéuticos modernos:

Al combinar los principios de diferenciación y generalización emocional con los enfoques terapéuticos contemporáneos, los profesionales clínicos pueden mejorar la eficacia de las intervenciones en una amplia gama de trastornos psicológicos. Un aspecto crucial de esta integración reside en la incorporación de técnicas cognitivo-conductuales, fundamentales en la psicoterapia moderna. La terapia cognitivo-conductual enfatiza la interconexión entre pensamientos, emociones y conductas, y busca modificar patrones desadaptativos mediante intervenciones específicas. Al integrarse con las teorías de Watson, la terapia cognitivo-conductua adquiere mayor profundidad y precisión en la comprensión y el abordaje de las respuestas emocionales. Esta sinergia permite a los terapeutas adaptar las intervenciones a los procesos de diferenciación y generalización subyacentes al condicionamiento emocional. Además, la incorporación de estrategias basadas en la atención plena (mindfulness) en los enfoques terapéuticos enriquece aún más la integración con la teoría watsoniana. Las prácticas de atención plena animan a las personas a observar sus pensamientos y emociones sin juzgarlos, fomentando una mayor conciencia y aceptación de las experiencias internas. Esto se alinea estrechamente con los principios de la diferenciación emocional, promoviendo el discernimiento y la articulación de los distintos estados emocionales. Además, la integración de las teorías de Watson con intervenciones centradas en el trauma ha demostrado ser prometedora para abordar las complejas manifestaciones del trastorno de estrés postraumático (TEPT) y afecciones relacionadas. Técnicas como la desensibilización y reprocesamiento por movimientos oculares (EMDR) y la terapia de exposición narrativa (TEN) pueden complementarse mediante la comprensión de los procesos de diferenciación y generalización, proporcionando un tratamiento más matizado y eficaz para personas con experiencias traumáticas. Explorar cómo la teoría watsoniana se alinea con las terapias humanísticas y experienciales también ilumina nuevas vías para la práctica integrativa. Los enfoques humanísticos enfatizan la empatía, la autenticidad y la promoción del crecimiento personal, mientras que las terapias experienciales priorizan la exploración y el procesamiento emocional en el entorno terapéutico. Al aplicar los conceptos de diferenciación y generalización dentro de estos marcos, los profesionales clínicos pueden profundizar su comprensión de las respuestas emocionales de los pacientes y facilitar un cambio terapéutico profundo. Es vital que los profesionales clínicos reciban una formación integral en la integración de los principios watsonianos con los métodos psicoterapéuticos modernos para garantizar una práctica ética y competente. La supervisión, la educación continua y la adhesión a las pautas profesionales son esenciales para gestionar esta integración manteniendo altos estándares de atención.

6. Formación e Implementación en Entornos Terapéuticos:

Para aplicar eficazmente los principios watsonianos en entornos terapéuticos, es fundamental establecer programas integrales de formación para profesionales de la salud mental. Estos programas no solo deben proporcionar conocimientos teóricos sobre el condicionamiento emocional, sino también habilidades prácticas en intervenciones conductuales basadas en este marco. La formación debe abarcar un enfoque multidisciplinario, basado en la psicología, la psiquiatría y la consejería, para garantizar una comprensión holística de las necesidades del cliente y una implementación eficaz de las técnicas. Además, las iniciativas de desarrollo profesional continuo son esenciales para mantener a los profesionales al día de las últimas investigaciones y avances en el campo. Una vez dotados de los conocimientos y las habilidades necesarios, los profesionales pueden embarcarse en la fase de implementación. Esto implica crear un entorno terapéutico propicio que fomente la confianza y la colaboración entre el terapeuta y el cliente. Los profesionales deben aplicar con destreza técnicas de diferenciación y generalización adaptadas a las necesidades individuales del cliente. Deben mostrar empatía y sensibilidad al abordar las respuestas emocionales del cliente y modificar las conductas desadaptativas. Las simulaciones en situaciones reales y las sesiones prácticas supervisadas pueden ayudar a perfeccionar las habilidades de aplicación antes de interactuar con clientes reales. La integración con las modalidades terapéuticas existentes y el inicio de colaboraciones dentro de equipos multidisciplinarios pueden mejorar la eficacia de las intervenciones basadas en el enfoque watsoniano. Más allá de la comprensión teórica y la implementación práctica, es fundamental garantizar las consideraciones éticas en la aplicación clínica. Los profesionales deben respetar la confidencialidad, el consentimiento informado y la autonomía durante todo el proceso terapéutico. La supervisión profesional y las consultas regulares entre pares sirven como mecanismos para mantener los estándares éticos y la mejora continua en la prestación de servicios.

7. Consideraciones éticas en la aplicación clínica:

A medida que crece el uso de las teorías watsonianas en el ámbito clínico, se hace imperativo evaluar y abordar exhaustivamente las dimensiones éticas asociadas a su aplicación. El principio fundamental que guía las consideraciones éticas en las aplicaciones clínicas del condicionamiento emocional es el bienestar de los pacientes. Esto requiere un delicado equilibrio entre los posibles beneficios del empleo de técnicas de diferenciación y generalización y los posibles riesgos o efectos adversos. Una consideración ética fundamental gira en torno al consentimiento informado y la transparencia en los enfoques terapéuticos basados en las teorías de Watson. Los terapeutas deben garantizar que los pacientes comprendan plenamente los procesos terapéuticos, incluyendo cómo se implementarán las técnicas de diferenciación y generalización emocional y los posibles resultados que puedan experimentar.

Además, garantizar la confidencialidad y la privacidad es fundamental al incorporar estos métodos en la práctica clínica. Dada la naturaleza de las intervenciones de condicionamiento emocional, mantener la privacidad del paciente y proteger la información confidencial se vuelve aún más crucial. Los terapeutas deben adherirse a los estándares profesionales de confidencialidad al tiempo que integran los principios watsonianos en sus estrategias terapéuticas.

El uso de respuestas emocionales diferenciadas y técnicas de generalización exige una profunda conciencia de las posibles diferencias de poder entre terapeutas y clientes. La práctica ética exige que los terapeutas monitoreen continuamente sus interacciones para evitar cualquier abuso de influencia y garantizar que la autonomía y la autonomía del cliente sigan siendo fundamentales en el proceso terapéutico. Además, los terapeutas deben evaluar periódicamente el impacto de las intervenciones de condicionamiento emocional en la sensación de control y autodeterminación del cliente.

Otra consideración ética se refiere a la posibilidad de angustia emocional no intencionada o la exacerbación de afecciones preexistentes. Si bien las técnicas de diferenciación y generalización son prometedoras en el tratamiento de diversos trastornos emocionales, los terapeutas deben evaluar con diligencia y minimizar el riesgo de retraumatización o respuestas emocionales abrumadoras. Es fundamental crear un entorno seguro y de apoyo durante la implementación de estos métodos.

Los debates sobre la influencia de los factores sociales y culturales en las intervenciones de condicionamiento emocional exigen una atención especial a la diversidad y la inclusión. Los profesionales deben reconocer y respetar los matices culturales que configuran las experiencias y respuestas emocionales, garantizando que las aplicaciones terapéuticas se ajusten a los antecedentes culturales y los valores de cada persona.

CONTROVERSIAS Y CONTRAARGUMENTOS

Disputas históricas y perspectivas en evolución

Los primeros años del condicionamiento emocional fueron testigos de importantes debates y controversias entre académicos y profesionales sobre la validez y las implicaciones éticas del proceso. Los críticos argumentaron que la investigación inicial carecía de rigor y no tenía en cuenta las diferencias individuales en la respuesta a los estímulos condicionantes. Además, surgieron controversias históricas sobre la generalización de las respuestas emocionales condicionadas en diferentes contextos y estímulos. Algunos psicólogos destacados cuestionaron el enfoque reduccionista del condicionamiento emocional, alegando que simplificaba excesivamente la complejidad de las emociones humanas y los procesos cognitivos. A medida que evolucionaron las teorías del condicionamiento emocional, surgieron controversias sobre la interpretación de los hallazgos empíricos, lo que dio lugar a perspectivas contradictorias dentro de la comunidad académica. Estos desacuerdos contribuyeron a la fragmentación de las teorías y los enfoques del condicionamiento emocional, lo que puso de relieve la necesidad de una comprensión integral y matizada del fenómeno. Con el tiempo, las perspectivas en evolución incorporaron perspectivas interdisciplinarias de la psicología cognitiva, la neurociencia y la economía del comportamiento, lo que impulsó una reevaluación de las controversias históricas. Además, las disputas históricas impulsaron avances metodológicos rigurosos, como diseños experimentales controlados y estudios longitudinales, destinados a abordar las preocupaciones de los críticos y reforzar la credibilidad de la investigación sobre el condicionamiento emocional.

Crítica desde la psicología cognitiva

La psicología cognitiva ofrece una crítica contundente del condicionamiento emocional, afirmando que este simplifica excesivamente la compleja interacción entre los procesos cognitivos, las emociones y la conducta. Los críticos argumentan que el condicionamiento emocional descuida el aspecto cognitivo involucrado en la formación y expresión de las emociones, enfatizando únicamente la asociación pavloviana de estímulos y respuestas. Este enfoque limitado oscurece los mecanismos mentales que influyen en las experiencias y reacciones emocionales.

Los psicólogos cognitivos sostienen que el condicionamiento emocional no tiene en cuenta las diferencias individuales en el funcionamiento cognitivo, como la atención, la memoria y la percepción, que influyen significativamente en las respuestas emocionales. Destacan el papel de la evaluación cognitiva para determinar la importancia subjetiva de los estímulos y su impacto en los estados emocionales. Esta perspectiva cuestiona la naturaleza determinista del condicionamiento emocional, proponiendo que los procesos cognitivos internos median entre los estímulos externos y los resultados emocionales.

Los críticos de la psicología cognitiva destacan las limitaciones del condicionamiento emocional para abordar emociones humanas complejas, como los valores morales, los juicios sociales y las emociones autorreflexivas. Argumentan que estas emociones de orden superior implican procesos cognitivos sofisticados, razonamiento reflexivo y comprensión contextual, que trascienden el marco simplista de estímulo-respuesta del condicionamiento emocional. Al subrayar la insuficiencia del condicionamiento emocional para captar la riqueza y variabilidad de las experiencias emocionales humanas, la psicología cognitiva aboga por un enfoque más integral que integre los factores cognitivos en el estudio de las emociones.

Además, la psicología cognitiva promueve la idea de que las emociones no están simplemente predeterminadas por el aprendizaje asociativo, sino que están fuertemente influenciadas por las interpretaciones cognitivas, las atribuciones y las creencias de los individuos sobre sus experiencias. Esto sugiere que el condicionamiento emocional ignora el papel crucial de la cognición en la configuración del significado y la regulación emocional. Además, los psicólogos cognitivos enfatizan la importancia de las funciones cognitivas de nivel superior, como el lenguaje, la resolución de problemas y la toma de decisiones, en la modulación de las respuestas emocionales, algo que el condicionamiento emocional no reconoce plenamente.

Consideraciones éticas y preocupaciones por su aplicación incorrecta

Las consideraciones éticas en torno al condicionamiento emocional abarcan una amplia gama de cuestiones complejas que han suscitado debates entre académicos, profesionales y especialistas en ética. Una de las principales preocupaciones gira en torno al posible uso indebido o manipulación de las emociones de las personas con fines que podrían no ser acordes con sus intereses. Investigadores y profesionales deben abordar las implicaciones éticas de instigar respuestas emocionales en las personas, especialmente en poblaciones vulnerables como niños, personas con problemas de salud mental o personas bajo presión. La cuestión del consentimiento informado y los límites de la experimentación ética en la investigación del condicionamiento emocional es un punto central crucial. Requiere una reflexión profunda y un estricto cumplimiento de las directrices éticas para garantizar la protección de la autonomía y el bienestar de los participantes. Además, las preocupaciones sobre su aplicación incorrecta suelen surgir en el contexto de iniciativas comerciales o persuasivas, donde las técnicas de condicionamiento emocional pueden emplearse para influir en el comportamiento del consumidor o en decisiones políticas. Esto plantea interrogantes sobre los límites éticos del uso del condicionamiento emocional en el marketing, la publicidad o la formación de la opinión pública, y suscita consideraciones sobre la transparencia, la rendición de cuentas y el potencial de explotación. Además, no puede ignorarse el potencial de daño psicológico involuntario derivado de intervenciones de condicionamiento emocional mal ejecutadas o con una supervisión inadecuada. Existe la responsabilidad inherente de mitigar cualquier efecto adverso y defender el principio de no maleficencia en la aplicación del condicionamiento emocional. La conexión entre la ética, las dinámicas de poder y la influencia del condicionamiento emocional subraya la necesidad de una comprensión matizada de las implicaciones éticas y la creación de salvaguardias sólidas.

Debates sobre el rigor metodológico

Los críticos han expresado serias dudas sobre la validez y fiabilidad de las metodologías de investigación empleadas en el estudio de los fenómenos de condicionamiento emocional. Un punto importante de controversia gira en torno a los diversos enfoques del diseño y la medición experimental, lo que genera controversias continuas sobre la solidez de los hallazgos y la generalización de las conclusiones.

Un aspecto central de este debate se refiere a la selección de estímulos y paradigmas experimentales apropiados para obtener y evaluar respuestas emocionales. Los investigadores argumentan que la claridad y la consistencia en la definición de los estímulos emocionales y el método de obtención desempeñan un papel crucial para garantizar la validez interna y externa de los hallazgos. Por el contrario, quienes se oponen a este argumento postulan que la subjetividad y la variabilidad inherentes a las experiencias emocionales plantean enormes desafíos para lograr el rigor metodológico en los diseños experimentales. Además, persisten los debates sobre el uso óptimo de las condiciones de control y los procedimientos de contrapeso para minimizar los factores de confusión y mejorar la fiabilidad de las respuestas emocionales observadas.

Otra controversia clave gira en torno a la utilidad y las limitaciones de las medidas tradicionales de comportamiento y autoinforme para captar las complejidades de los procesos de condicionamiento emocional. Sus defensores afirman que estas medidas ofrecen información valiosa sobre las dimensiones cognitivas y afectivas de las respuestas emocionales. Sin embargo, los escépticos argumentan que basarse en autoinformes subjetivos e indicadores de comportamiento puede introducir sesgos y pasar por alto aspectos sutiles de la reactividad emocional, lo que enfatiza la necesidad de herramientas de evaluación más objetivas y ecológicamente válidas.

El debate actual sobre el rigor metodológico abarca la evaluación crítica de las técnicas de análisis de datos y los procedimientos estadísticos empleados en la investigación del condicionamiento emocional. La pertinencia de los supuestos estadísticos, la gestión de valores atípicos y la interpretación de la magnitud del efecto se encuentran entre los puntos focales de controversia, lo que configura el diálogo más amplio sobre la credibilidad y la reproducibilidad de los hallazgos empíricos en este ámbito.

Desafíos en la replicación y verificación

La replicación y la verificación son pilares esenciales de la investigación científica, incluyendo el campo del condicionamiento emocional. Sin embargo, investigadores y académicos se enfrentan a numerosos desafíos a la hora de replicar y verificar los hallazgos experimentales en este ámbito. Uno de los principales retos reside en la complejidad inherente de las emociones y el comportamiento humanos, lo que dificulta la replicación precisa. Las emociones son dinámicas y multifacéticas, influenciadas por una serie de variables internas y externas que a menudo son difíciles de controlar en diferentes entornos experimentales. Además, las consideraciones éticas asociadas con la inducción y manipulación de emociones en condiciones controladas de laboratorio presentan obstáculos adicionales para la replicación exacta.

Otro obstáculo importante es la variabilidad en las metodologías de investigación empleadas en los distintos estudios. Las variaciones en el diseño de los experimentos, como la selección de estímulos, las técnicas de medición y las características de los participantes, contribuyen a la inconsistencia en los esfuerzos de replicación. Además, la falta de protocolos y directrices estandarizados para la realización de estudios de condicionamiento emocional complica aún más el proceso de replicación. La falta de consenso sobre aspectos metodológicos clave dificulta la comparabilidad entre estudios y disminuye la fiabilidad de los resultados replicados.

La subjetividad inherente a las experiencias emocionales añade complejidad a los intentos de replicación. A diferencia de los fenómenos físicos, que pueden medirse y cuantificarse objetivamente, las respuestas emocionales son intrínsecamente subjetivas y pueden variar considerablemente entre individuos. Esta subjetividad introduce cierto grado de imprevisibilidad en los intentos de replicación, lo que dificulta obtener resultados consistentes en diferentes poblaciones y contextos culturales.

El sesgo de publicación dentro de la comunidad académica agrava aún más estos desafíos. Es más probable que se publiquen resultados positivos o estadísticamente significativos, lo que da lugar a una representación incompleta del verdadero alcance de los hallazgos. En consecuencia, los esfuerzos de replicación pueden encontrar dificultades para corroborar los resultados informados inicialmente, especialmente si los resultados no significativos o negativos se difunden con menos frecuencia.

Para superar estos obstáculos, es fundamental coordinar esfuerzos para promover la transparencia, la estandarización rigurosa de las metodologías y la documentación sistemática de los intentos de replicación. Establecer bases de datos completas para almacenar estudios de replicación, tanto exitosos como fallidos, puede proporcionar información valiosa sobre los factores que influyen en la variabilidad y la generalización de los fenómenos de condicionamiento emocional. Las iniciativas colaborativas destinadas a fomentar el diálogo abierto entre investigadores y facilitar el intercambio de datos pueden mejorar la fiabilidad y la reproducibilidad de los hallazgos en este campo, lo que, en última instancia, contribuirá a nuestra comprensión del condicionamiento emocional.

Papel de los factores biológicos

Si bien las perspectivas conductistas tradicionales enfatizan predominantemente la influencia de los estímulos externos y los factores ambientales en la configuración de las respuestas emocionales, existe una creciente evidencia que subraya la importante contribución de los mecanismos biológicos en este complejo proceso. Avances recientes en neurociencia han desentrañado la interacción entre las estructuras cerebrales, los neurotransmisores y las predisposiciones genéticas en la formación y modulación de las reacciones emocionales. Estudios que utilizan técnicas de neuroimagen, como la resonancia magnética funcional y la tomografía por emisión de positrones, han revelado los patrones de activación de regiones cerebrales clave asociadas con el procesamiento emocional, incluyendo la amígdala, la corteza prefrontal y la corteza insular. Estos hallazgos respaldan contundentemente el argumento de que los sustratos neuronales desempeñan un papel crucial en la mediación del condicionamiento emocional.

La investigación en el campo de la psicofarmacología ha dilucidado el impacto de diversos sistemas de neurotransmisores, como la serotonina y la dopamina, en la codificación y extinción de las respuestas emocionales condicionadas. Las intervenciones farmacológicas dirigidas a estas vías neurotransmisoras han demostrado su potencial para modular la reactividad emocional y mitigar el condicionamiento desadaptativo, lo que pone de relieve la participación de la bioquímica en la configuración de las conductas emocionales.

Las investigaciones genéticas han esclarecido la heredabilidad de ciertos rasgos emocionales y la susceptibilidad a los procesos de condicionamiento. Las variaciones en los genes que codifican proteínas implicadas en la regulación del estrés, el aprendizaje del miedo y la plasticidad neuronal se han vinculado con diferencias individuales en la capacidad de respuesta emocional y la vulnerabilidad al desarrollo de trastornos relacionados con la ansiedad mediante paradigmas de condicionamiento.

A pesar de estas convincentes revelaciones científicas, es evidente que la integración de las perspectivas biológicas en el marco general del condicionamiento emocional sigue recibiendo poca atención en las teorías conductuales tradicionales. Esta omisión limita nuestra comprensión integral de la naturaleza multifacética del aprendizaje y la adaptación emocional, lo que dificulta el desarrollo de estrategias terapéuticas más holísticas y eficaces.

Es fundamental que los investigadores y profesionales contemporáneos de la psicología reconozcan e integren la influencia matizada de los factores biológicos en los paradigmas del condicionamiento emocional. Al adoptar un enfoque interdisciplinario que sintetice los conocimientos de la neurociencia, la genética y la psicofarmacología con las teorías conductuales consolidadas, podemos allanar el camino hacia una comprensión más matizada y sofisticada de los procesos de condicionamiento emocional. Esta perspectiva integrada promete perfeccionar las intervenciones terapéuticas existentes y fomentar el surgimiento de nuevas modalidades de tratamiento que consideren la interacción entre los determinantes psicológicos, ambientales y biológicos del comportamiento emocional.

Críticas interdisciplinarias

Los avances en neurociencia han estimulado profundos debates y críticas sobre el papel de los factores biológicos en el condicionamiento emocional. En los últimos años, iniciativas de investigación interdisciplinarias han arrojado luz sobre la interacción entre los mecanismos neuronales y las respuestas emocionales, cuestionando las perspectivas tradicionales dentro del ámbito de la psicología conductual. Las investigaciones neurocientíficas han desentrañado los fundamentos neurobiológicos del condicionamiento emocional, dilucidando cómo la plasticidad sináptica, los sistemas de neurotransmisores y los circuitos neuronales contribuyen a la formación y modulación de las respuestas emocionales condicionadas. Estos descubrimientos han suscitado debates sobre hasta qué punto los procesos cognitivos y afectivos están intrínsecamente entrelazados con los sustratos neurobiológicos subyacentes.

Los críticos de la comunidad neurocientífica abogan por un enfoque holístico que integre el conocimiento de la psicología conductual con los hallazgos de la neurobiología. Argumentan que centrarse exclusivamente en los estímulos externos y las conductas observables descuida las contribuciones cruciales de los elementos neurobiológicos en la configuración de las respuestas emocionales. Además, la evidencia neurocientífica ha cuestionado la generalización de los paradigmas clásicos del condicionamiento emocional en diversas poblaciones, lo que enfatiza la necesidad de considerar las diferencias individuales en la arquitectura y función neuronal. Asimismo, el campo emergente de la neurociencia afectiva ha enfatizado la naturaleza dinámica de los estados emocionales, destacando la relevancia de la dinámica temporal y los factores contextuales que influyen en los procesos de aprendizaje y memoria emocional.

Los conocimientos adquiridos mediante técnicas de neuroimagen funcional, como la resonancia magnética funcional y el electroencefalograma, han aportado evidencia contundente sobre los sustratos neuronales implicados en la extinción y reconsolidación de las respuestas emocionales condicionadas. Estos hallazgos tienen implicaciones para las intervenciones terapéuticas, ya que subrayan el potencial de actuar sobre circuitos neuronales específicos para modular las reacciones emocionales desadaptativas. Sin embargo, estos avances también han suscitado debates cruciales sobre las implicaciones éticas de la manipulación de la memoria emocional y la necesidad de garantizar el consentimiento informado y los estándares éticos en la investigación y las aplicaciones clínicas.

DIRECCIONES FUTURAS DEL CONDICIONAMIENTO EMOCIONAL

Marcos teóricos emergentes

Los avances en el campo del condicionamiento emocional han impulsado la exploración de nuevos marcos teóricos que amplían nuestra comprensión y aplicación de este concepto fundamental en psicología. En los últimos años, investigadores y académicos han profundizado en nuevos modelos teóricos que van más allá de los paradigmas tradicionales de estímulo-respuesta, ofreciendo perspectivas integrales sobre las complejidades del condicionamiento emocional.

Un área importante de enfoque gira en torno a la integración de los procesos cognitivos en los modelos de condicionamiento emocional. Esta fusión busca dilucidar la interacción entre las evaluaciones cognitivas, los sistemas de creencias y las respuestas emocionales, proporcionando así una comprensión más matizada de cómo las emociones condicionadas se manifiestan y evolucionan con el tiempo. Al articular las maneras en que los factores cognitivos influyen en la adquisición y expresión de las emociones condicionadas, estos marcos innovadores mejoran nuestra comprensión de los mecanismos subyacentes que rigen el condicionamiento emocional.

Los avances teóricos contemporáneos enfatizan la naturaleza dinámica del condicionamiento emocional, trascendiendo las asociaciones estáticas entre estímulos y respuestas emocionales. El reconocimiento de factores contextuales, dinámicas temporales y diferencias individuales ha allanado el camino para modelos más holísticos que captan las complejidades de los procesos de condicionamiento emocional. Desde el examen del papel de las señales situacionales en la generación de reacciones emocionales condicionadas hasta la elucidación del impacto de las etapas del desarrollo en la formación de asociaciones emocionales, estos marcos progresivos ofrecen una visión integral del condicionamiento emocional que trasciende los paradigmas lineales tradicionales.

Los modelos teóricos emergentes profundizan en la interconexión entre el condicionamiento emocional y las teorías del aprendizaje social, arrojando luz sobre cómo las interacciones interpersonales y los contextos sociales influyen en el desarrollo y la perpetuación de las respuestas emocionales condicionadas. Esta integración subraya la importancia de los factores socioculturales en la modulación de los procesos de condicionamiento emocional, encapsulando la compleja interrelación de las experiencias individuales en entornos sociales y culturales más amplios.

Innovaciones tecnológicas en metodologías de investigación

En los últimos años, la integración de tecnologías innovadoras ha revolucionado la recopilación, el análisis y la interpretación de datos, lo que ha permitido una comprensión más profunda de los procesos emocionales y su condicionamiento. Una de las innovaciones tecnológicas más notables es el uso de técnicas de neuroimagen, como la resonancia magnética funcional y la electroencefalografía, para dilucidar los mecanismos neuronales que subyacen a las respuestas emocionales. Estos métodos de imagen no invasivos y de alta resolución proporcionan a los investigadores un conocimiento sin precedentes de los circuitos neuronales implicados en el condicionamiento emocional, facilitando la identificación de regiones cerebrales específicas implicadas en diversos estados emocionales.

La llegada de la realidad virtual ha abierto nuevas vías para el estudio de las respuestas emocionales en entornos controlados e inmersivos. Al simular diversos escenarios y estímulos, los investigadores pueden investigar sistemáticamente el impacto de diferentes estímulos en el aprendizaje emocional y las subsiguientes respuestas condicionadas. El uso de la realidad virtual no solo mejora la validez ecológica de los paradigmas experimentales, sino que también ofrece oportunidades para desarrollar intervenciones específicas para personas con respuestas emocionales desadaptativas.

Además, la integración de algoritmos de aprendizaje automático y el análisis de big data ha permitido a los investigadores discernir patrones complejos en amplios conjuntos de datos derivados de estudios sobre el condicionamiento emocional. Mediante la aplicación de técnicas de modelado predictivo y reconocimiento de patrones, los investigadores pueden identificar matices sutiles en la reactividad emocional y predecir diferencias individuales en la adquisición y extinción de respuestas emocionales condicionadas. Este enfoque basado en datos no solo acelera el ritmo de descubrimiento, sino que también sienta las bases para intervenciones personalizadas adaptadas a los perfiles emocionales únicos de cada individuo.

Los avances en dispositivos de monitorización psicofisiológica, como biosensores portátiles y aplicaciones móviles, han permitido la evaluación en tiempo real de estados emocionales en entornos naturales. La monitorización continua de marcadores fisiológicos, como la variabilidad de la frecuencia cardíaca, la actividad electrodérmica y las expresiones faciales, proporciona una comprensión integral de las respuestas emocionales en la vida cotidiana, superando las limitaciones de los experimentos de laboratorio.

Enfoques interdisciplinarios y esfuerzos colaborativos

A medida que el campo del condicionamiento emocional continúa evolucionando, se reconoce cada vez más la necesidad de enfoques interdisciplinarios y esfuerzos colaborativos para profundizar en nuestra comprensión de las respuestas emocionales y su condicionamiento. La colaboración interdisciplinaria reúne a expertos de diversos campos como la psicología, la neurociencia, la psiquiatría, la inteligencia artificial y la sociología, entre otros. Al integrar el conocimiento y las metodologías de estas disciplinas, los investigadores pueden obtener una comprensión más completa del condicionamiento emocional, abarcando sus dimensiones psicológica, biológica, social y tecnológica. Este enfoque holístico no solo enriquece la investigación, sino que también fomenta la innovación y la creatividad al conectar diferentes perspectivas.

Un ejemplo ilustrativo de colaboración interdisciplinaria es la fusión de la neurociencia y el modelado computacional para dilucidar los mecanismos neuronales que subyacen al condicionamiento emocional. Mediante colaboraciones entre neurocientíficos e informáticos, se están desarrollando sofisticados modelos computacionales para simular y analizar redes neuronales complejas implicadas en el aprendizaje y la memoria emocional. Esta integración de conocimientos permite una exploración más profunda de los circuitos neuronales implicados en las respuestas emocionales y abre nuevas vías para estrategias de intervención.

Los enfoques interdisciplinarios trascienden el ámbito académico y de investigación, abarcando colaboraciones con la industria y el sector tecnológico. Las colaboraciones con empresas tecnológicas y desarrolladores de software han dado lugar a la creación de herramientas innovadoras para evaluar y modular los estados emocionales, potenciando así las posibles aplicaciones del condicionamiento emocional en intervenciones de salud mental y programas de mejora del bienestar.

Además de las iniciativas de investigación interdisciplinarias, la colaboración entre profesionales clínicos, terapeutas y educadores es fundamental para traducir los avances teóricos en intervenciones prácticas y eficaces. Al fomentar las alianzas entre investigadores y profesionales, los conocimientos derivados de la investigación de vanguardia pueden traducirse directamente en terapias basadas en la evidencia y marcos educativos. Esta sinergia no solo acelera la implementación de nuevas técnicas de condicionamiento, sino que también garantiza que se adapten a los desafíos del mundo real y a las diversas poblaciones clínicas.

Perspectivas genéticas y neurocientíficas

Estudios genéticos han identificado genes específicos asociados con la regulación emocional, la respuesta al miedo y la susceptibilidad al condicionamiento, lo que ofrece información valiosa sobre las diferencias y predisposiciones individuales. Además, técnicas de neuroimagen como la resonancia magnética funcional y la tomografía por emisión de positrones han permitido a los investigadores visualizar los mecanismos neuronales subyacentes al condicionamiento emocional, dilucidando los circuitos neuronales implicados en la adquisición, consolidación y extinción de las respuestas condicionadas.

La identificación de genes candidatos implicados en el procesamiento emocional ha abierto nuevas vías para la investigación de la heredabilidad de los rasgos emocionales y la vulnerabilidad al condicionamiento desadaptativo. Los estudios de asociación genómica y los perfiles de expresión génica han descubierto posibles marcadores genéticos vinculados a una mayor reactividad emocional o resiliencia, lo que sienta las bases para enfoques personalizados en las intervenciones de condicionamiento emocional. Además, las modificaciones epigenéticas, influenciadas por factores ambientales, contribuyen a la regulación dinámica de la expresión génica en respuesta a experiencias de condicionamiento, ofreciendo una perspectiva matizada sobre la interacción entre la naturaleza y la crianza en la configuración de las respuestas emocionales.

Paralelamente, las investigaciones neurocientíficas han delineado las regiones cerebrales clave y los sistemas de neurotransmisores involucrados en el aprendizaje y la memoria emocional. La amígdala, la corteza prefrontal, el hipocampo y la ínsula se han convertido en nodos centrales de la red neuronal que orquesta las respuestas emocionales condicionadas, mientras que las vías de señalización neuroquímica, incluidas las mediadas por la dopamina, la serotonina y el glutamato, modulan la intensidad y la persistencia de las asociaciones condicionadas. Comprender los sustratos neuronales del condicionamiento emocional no solo mejora nuestra comprensión de los trastornos psiquiátricos caracterizados por un procesamiento emocional aberrante, sino que también fundamenta el desarrollo de intervenciones farmacológicas específicas y técnicas de neuromodulación para aliviar el condicionamiento patológico.

La integración de los hallazgos genéticos y neurocientíficos es sumamente prometedora para el futuro de la investigación y la aplicación del condicionamiento emocional. Al dilucidar las bases biológicas de la variación individual en la reactividad emocional y la susceptibilidad al condicionamiento, este enfoque interdisciplinario sienta las bases para la medicina de precisión en el campo de la salud mental. El aprovechamiento de los conocimientos genéticos y neuronales puede orientar el perfeccionamiento de las estrategias terapéuticas, desde terapias de exposición personalizadas hasta novedosas intervenciones farmacogenómicas, destinadas a optimizar los resultados clínicos y fomentar la resiliencia emocional. Sin embargo, las consideraciones éticas en torno al uso de la información genética y las intervenciones neuronales exigen una deliberación cuidadosa y una implementación responsable para garantizar la aplicación ética y equitativa de estos avances en el contexto del condicionamiento emocional.

Aplicaciones en intervenciones digitales de salud mental

La integración de las tecnologías digitales en las intervenciones de salud mental representa un avance significativo en el campo del condicionamiento emocional. Las intervenciones digitales de salud mental abarcan diversas herramientas y plataformas tecnológicas, como aplicaciones móviles, simulaciones de realidad virtual, dispositivos portátiles y programas de terapia en línea. Estas soluciones innovadoras ofrecen oportunidades sin precedentes para personalizar y optimizar las técnicas de condicionamiento emocional para personas de diversos grupos demográficos y ubicaciones geográficas.

Una de las principales ventajas de las intervenciones digitales de salud mental es su capacidad para mejorar la accesibilidad a programas de condicionamiento emocional basados en la evidencia. Ahora, las personas pueden acceder a recursos e intervenciones terapéuticas a distancia, superando barreras tradicionales como la distancia geográfica, las limitaciones de transporte y los estigmas asociados a la búsqueda de terapia presencial. Esta democratización de los servicios de salud mental tiene el potencial de llegar a personas que, de otro modo, no habrían podido o dudado en buscar ayuda, ampliando así el alcance y el impacto de las terapias de condicionamiento emocional.

Las plataformas digitales ofrecen capacidades únicas para la monitorización y la recopilación de datos en tiempo real, lo que permite a los profesionales comprender la eficacia de las estrategias de condicionamiento emocional. Al aprovechar el análisis de datos y los algoritmos de aprendizaje automático, estas intervenciones pueden adaptarse y evolucionar en función de las respuestas individuales, fomentando un enfoque dinámico y personalizado del bienestar emocional. Además, la integración de mecanismos de biorretroalimentación mediante dispositivos portátiles permite la evaluación continua de los estados emocionales, lo que facilita intervenciones específicas y un apoyo oportuno.

En el ámbito de la salud mental digital, las simulaciones de realidad virtual son muy prometedoras para la terapia de exposición inmersiva, un pilar fundamental del condicionamiento emocional para abordar fobias y trastornos de ansiedad. Mediante sofisticados entornos virtuales, las personas pueden confrontar y habituarse a estímulos desencadenantes de forma segura, acelerando el proceso de desensibilización y reaprendizaje emocional. Además, las plataformas de realidad virtual ofrecen un entorno controlado y personalizable que permite a los terapeutas adaptar los escenarios de condicionamiento emocional a las necesidades y sensibilidades específicas de cada persona.

Como en cualquier ámbito emergente, las consideraciones éticas son fundamentales en el desarrollo e implementación de intervenciones digitales de salud mental. Garantizar la privacidad de los datos, el consentimiento informado y el uso responsable de los algoritmos de inteligencia artificial son aspectos cruciales que requieren atención y regulación constantes. Además, la integración de la competencia cultural y la inclusión en el diseño de intervenciones digitales es esencial para abordar la diversidad de perspectivas y garantizar un acceso equitativo.

La llegada de las intervenciones digitales de salud mental anuncia una nueva era en la aplicación del condicionamiento emocional, ofreciendo diversas oportunidades para perfeccionar y ampliar el alcance de las prácticas terapéuticas. Al aprovechar el potencial de la tecnología junto con los principios de condicionamiento emocional basados en la evidencia, este campo está preparado para transformar el panorama de la atención de la salud mental, empoderando a las personas para cultivar la resiliencia, el bienestar emocional y un crecimiento personal transformador.

Personalización de técnicas de condicionamiento para terapias mejoradas

Adaptar los procesos de condicionamiento emocional a las características, preferencias y experiencias vitales individuales puede aumentar significativamente la eficacia y la sostenibilidad de las terapias conductuales. Al reconocer los perfiles cognitivos y emocionales únicos de cada cliente, los profesionales pueden diseñar intervenciones que se adapten mejor a sus necesidades y circunstancias específicas. Este enfoque personalizado fomenta un mayor sentido de empoderamiento y autonomía, promoviendo así una mayor participación y compromiso con el proceso terapéutico.

La personalización de las técnicas de condicionamiento implica una evaluación exhaustiva de diversos factores, como los rasgos de personalidad, el contexto cultural, el historial de traumas y los mecanismos de afrontamiento. La integración de esta información permite la formulación de estrategias de intervención específicas que abordan las complejidades de las respuestas emocionales y conductuales de cada individuo. Además, el uso de herramientas de evaluación avanzadas, como las técnicas de neuroimagen y las mediciones psicofisiológicas, permite una comprensión más profunda de los correlatos neuronales y los patrones de regulación autónoma del individuo, lo que facilita la personalización de los protocolos de condicionamiento.

En la práctica contemporánea, la integración de las tecnologías digitales ha transformado notablemente el panorama de las técnicas de condicionamiento personalizado. Las plataformas y aplicaciones digitales ofrecen vías para la monitorización continua y la recopilación de datos, lo que permite ajustes y mejoras en tiempo real de los protocolos de condicionamiento basados en la retroalimentación continua y el seguimiento del progreso. Además, las tecnologías de realidad virtual y realidad aumentada se han convertido en herramientas prometedoras para crear entornos inmersivos y personalizados que favorecen la exposición emocional y la desensibilización, especialmente en el contexto de los trastornos de ansiedad y las fobias.

La implementación de técnicas de condicionamiento personalizado conlleva consideraciones éticas, destacando la importancia del consentimiento informado, la confidencialidad y el respeto a la autonomía. Los profesionales deben gestionar los dilemas éticos que rodean la recopilación y el uso de datos personales sensibles, garantizando la protección de la privacidad y la dignidad de las personas durante todo el proceso de personalización. Además, es fundamental un diálogo ético continuo para abordar las posibles implicaciones del uso de intervenciones personalizadas, en particular al abordar las diferencias de poder y las sensibilidades culturales en la relación terapéutica.

Consideraciones éticas en futuras investigaciones y prácticas

El futuro de la investigación y la aplicación del condicionamiento emocional exige un firme compromiso con las consideraciones éticas que defiendan los derechos, el bienestar y la autonomía de las personas que participan en estudios o se someten a intervenciones terapéuticas. A medida que avanzan las tecnologías y las metodologías, investigadores y profesionales se enfrentan a la responsabilidad imperativa de garantizar que las directrices éticas no solo se respeten, sino que también se enriquezcan en respuesta a la evolución del panorama científico. Las consideraciones éticas fundamentales abarcan el proceso de consentimiento informado, la confidencialidad y la protección de la privacidad, y la mitigación de posibles riesgos o daños para los participantes. Con la integración de conocimientos neurocientíficos y genéticos avanzados en el condicionamiento emocional, se debe intensificar el escrutinio ético para abordar las preocupaciones relacionadas con la posible estigmatización, la desinformación y el uso responsable de información sensible. Además, a medida que las técnicas de condicionamiento personalizado cobran fuerza para las terapias a medida, las implicaciones éticas de las intervenciones individualizadas exigen un discurso crítico sobre el equilibrio entre la eficacia y la protección de los límites y creencias personales. Más allá de los confines de los laboratorios de investigación, la difusión global de las prácticas de condicionamiento emocional impulsa la exploración de la ética intercultural. El respeto por la diversidad cultural, la sensibilidad contextual y el acceso equitativo a intervenciones beneficiosas constituyen consideraciones éticas fundamentales para fomentar una intersección armoniosa entre los diversos sistemas de creencias y el progreso científico. A medida que el campo del condicionamiento emocional busca un impacto global, reconocer y conciliar los imperativos éticos en diferentes normas y valores sociales se convierte en una búsqueda esencial. Además de las anticipaciones éticas proactivas, es crucial integrar un enfoque reflexivo y receptivo. Esto implica la reevaluación continua de los marcos éticos en consonancia con las dinámicas tecnológicas, sociales y políticas. Adoptar la transparencia y la rendición de cuentas en los procesos de toma de decisiones no solo salvaguarda la integridad ética, sino que también refuerza la confianza pública en el avance responsable de la investigación y las aplicaciones del condicionamiento emocional. En última instancia, las consideraciones éticas en futuros proyectos de condicionamiento emocional son pilares fundamentales que sustentan la brújula moral que guía la trayectoria de la investigación, la práctica clínica y la implementación social.

Perspectivas globales y estudios transculturales

La exploración de perspectivas globales y estudios transculturales en el contexto del condicionamiento emocional amplía nuestra comprensión de cómo operan los fenómenos psicológicos en diversas sociedades y contextos culturales. Estos esfuerzos reconocen la influencia de factores culturales, sociales y ambientales en las respuestas emocionales y los procesos de condicionamiento, allanando el camino para un enfoque más integral e inclusivo de la investigación y la aplicación. Al profundizar en el análisis del condicionamiento emocional en diversos contextos culturales, los investigadores pueden dilucidar las similitudes y diferencias en los mecanismos, desencadenantes y manifestaciones de las respuestas emocionales condicionadas. En consecuencia, esto no solo enriquece nuestros marcos teóricos, sino que también contribuye al desarrollo de intervenciones personalizadas que se adaptan a los matices y sensibilidades culturales. Además, los estudios transculturales permiten identificar principios universales del condicionamiento emocional, así como variaciones específicas de cada cultura, lo que arroja luz sobre la interacción entre la naturaleza y la crianza en la configuración de las experiencias emocionales. Mediante la colaboración con expertos de diversos contextos culturales, los investigadores pueden aprovechar su conocimiento y perspectivas colectivas para establecer directrices culturalmente sensibles y mejores prácticas para la investigación del condicionamiento emocional y las aplicaciones terapéuticas. Además, las perspectivas globales también facilitan la difusión transfronteriza de conocimientos y prácticas basadas en la evidencia, enriqueciendo el panorama global de la salud mental con enfoques culturalmente informados que resuenen con diferentes poblaciones. Las consideraciones éticas inherentes a la realización de estudios transculturales enfatizan la importancia de respetar las normas, valores y tradiciones culturales, fomentando así la confianza y la conexión dentro de las comunidades. Es imperativo reconocer el impacto potencial de la investigación sobre el condicionamiento emocional en las creencias, normas y prácticas sociales, y asegurar que dichas investigaciones se alineen con las directrices éticas y promuevan la competencia cultural. Por lo tanto, la integración de perspectivas globales y estudios transculturales en el ámbito del condicionamiento emocional no solo amplifica la riqueza de los datos empíricos, sino que también refuerza la responsabilidad ética de defender la dignidad y la diversidad de las personas y las comunidades en todo el mundo.

Implicaciones políticas e impacto social

A medida que nuestra comprensión del condicionamiento emocional continúa evolucionando, resulta crucial que los responsables de las políticas públicas consideren el impacto potencial de este conocimiento en el desarrollo de intervenciones y sistemas de apoyo. En el ámbito de las políticas de salud mental, los conocimientos derivados de la investigación sobre el condicionamiento emocional pueden orientar el diseño de intervenciones específicas para personas que sufren ansiedad, fobias y trastornos relacionados con traumas. Al integrar técnicas de condicionamiento emocional basadas en la evidencia en los marcos terapéuticos, los responsables de las políticas públicas pueden contribuir a la mejora de los servicios de salud mental, promoviendo así la resiliencia y la recuperación entre las poblaciones afectadas. Asimismo, en el ámbito educativo, reconocer el impacto del condicionamiento emocional en el aprendizaje y el comportamiento puede orientar el establecimiento de entornos de apoyo en las escuelas. Las políticas orientadas a fomentar la inteligencia emocional, la empatía y las interacciones positivas entre pares pueden basarse en los hallazgos de la investigación sobre el condicionamiento emocional, lo que en última instancia contribuye al desarrollo integral del alumnado. Asimismo, el impacto social de la investigación sobre el condicionamiento emocional va más allá del bienestar individual y la educación. Se relaciona con cuestiones sociales más amplias, como las iniciativas de salud pública, la resiliencia comunitaria y la dinámica laboral. Al reconocer la influencia de las respuestas emocionales en los procesos de toma de decisiones, los responsables políticos pueden incorporar estrategias derivadas de los principios del condicionamiento emocional para abordar los desafíos sociales relacionados con la percepción del riesgo, los comportamientos saludables y la resolución de conflictos. Además, la integración de conocimientos sobre el condicionamiento emocional en las políticas laborales y las prácticas organizacionales puede conducir al desarrollo de entornos laborales más saludables y propicios, lo que en última instancia repercute en la productividad, la satisfacción laboral y el bienestar de los empleados.

Conclusiones y visión para el desarrollo progresivo

La exploración de las implicaciones políticas y el impacto social destaca el papel fundamental del condicionamiento emocional en la configuración no solo del bienestar individual, sino también de la dinámica social en general. Al concluir este estudio exhaustivo sobre el condicionamiento emocional, es fundamental articular una visión para el desarrollo progresivo en este campo, que abarque tanto la investigación como las aplicaciones prácticas. De cara al futuro, es imperativo fomentar una mayor colaboración entre responsables políticos, investigadores y profesionales para garantizar que los conocimientos adquiridos en este ámbito se integren eficazmente en las políticas e intervenciones de salud mental.

Un énfasis clave para el desarrollo progresivo reside en la necesidad de directrices y estándares basados en la evidencia que rijan la implementación ética de las técnicas de condicionamiento emocional en entornos terapéuticos. Dichas directrices deben priorizar el bienestar y la autonomía de las personas, promoviendo el consentimiento informado, la transparencia y la evaluación continua de la eficacia y los posibles riesgos asociados a estas intervenciones. Además, el diálogo y la colaboración continuos con diversas partes interesadas, como especialistas en ética, profesionales clínicos y grupos de apoyo, son fundamentales para identificar y abordar las nuevas consideraciones éticas.

Al visualizar la trayectoria futura del condicionamiento emocional, existe una necesidad apremiante de aprovechar los avances tecnológicos como la inteligencia artificial, la realidad virtual y las aplicaciones móviles para mejorar la accesibilidad y la eficacia de las intervenciones basadas en el condicionamiento. Estas innovaciones tienen el potencial de revolucionar las terapias personalizadas, permitiendo enfoques a medida que consideran el perfil psicológico único de cada individuo, sus experiencias vitales y su contexto cultural. Por consiguiente, las colaboraciones interdisciplinarias con expertos en informática, análisis de datos e interacción persona-ordenador serán fundamentales para impulsar estos avances.

En consonancia con el espíritu de mejora continua, fomentar un ecosistema de investigación dinámico dedicado a desentrañar las bases neurobiológicas del condicionamiento emocional es vital para el avance de este campo. La integración de conocimientos genéticos y neurocientíficos ofrece prometedoras vías para refinar nuestra comprensión de las diferencias individuales en la reactividad y la resiliencia emocional. Además, la síntesis de conocimientos entre disciplinas, como la psicología, la psiquiatría y la neurociencia, puede impulsar descubrimientos revolucionarios que podrían orientar la próxima generación de intervenciones y protocolos de tratamiento específicos.

Al embarcarnos en este viaje de progreso y transformación, es esencial subrayar la importancia de cultivar una perspectiva global. Los estudios transculturales y las iniciativas de colaboración con homólogos internacionales son fundamentales para dilucidar la universalidad y la naturaleza contextual de los fenómenos del condicionamiento emocional. Al acoger la diversidad y la polinización cruzada de ideas, el campo se beneficia de un rico abanico de perspectivas, enriqueciendo así el repertorio de prácticas basadas en la evidencia e intervenciones culturalmente sensibles.

Finalmente, la visión general para el desarrollo progresivo del condicionamiento emocional debe priorizar el fomento de la resiliencia, la empatía y el bienestar emocional a escala social. Esto implica colaborar con los sistemas educativos, las organizaciones comunitarias y los responsables políticos para integrar el conocimiento sobre el condicionamiento emocional en las iniciativas de salud pública, los programas educativos y las campañas de concienciación sobre la salud mental. Al fomentar sociedades emocionalmente inteligentes y resilientes, allanamos el camino hacia un futuro donde las personas estén empoderadas para regular su entorno interior con perspicacia y compasión.

20 CITAS DE WATSON DEL CONDICIONAMIENTO EMOCIONAL

Sobre los fundamentos del condicionamiento emocional

"El conductista cree que todo comportamiento, incluidas las respuestas emocionales, se aprende a través del condicionamiento".

"Podemos tomar un estímulo neutral y, al combinarlo con un estímulo emocional incondicionado, lograr que genere la respuesta emocional dada originalmente por el estímulo incondicionado".

"Se puede producir miedo experimentalmente en un niño golpeándolo repentinamente con una barra de acero detrás de la cabeza".

"El bebé comienza con unas pocas reacciones emocionales simples (miedo, rabia y amor) y a partir de éstas, mediante el condicionamiento, se desarrolla la compleja vida emocional del adulto".

"Las respuestas emocionales de los humanos no son innatas, sino que se aprenden a través de estímulos ambientales".

Sobre el miedo y la ansiedad

"El miedo se puede observar mediante las siguientes reacciones en los bebés: llanto, respiración rápida, cierre de los ojos o saltos repentinos".

"El miedo es evocado por sólo dos estímulos que no son condicionados: un ruido repentino o la pérdida de apoyo (físico)".

"El miedo puede condicionarse en los bebés combinando un estímulo neutro con un estímulo incondicionado".

"El miedo puede generalizarse a otros estímulos que se asemejan al estímulo condicionado original".

"Las respuestas de miedo pueden persistir en el tiempo y no extinguirse fácilmente".

Sobre la rabia y la agresión

"La rabia es una respuesta innata al movimiento corporal del niño que se ve restringido".

"La ira puede ser condicionada en los bebés restringiendo sus movimientos".

"Las respuestas de ira pueden generalizarse a situaciones en las que el niño se siente restringido o controlado".

"La rabia se puede observar mediante las siguientes reacciones en los bebés: gritos, rigidez del cuerpo y patadas".

"Las respuestas de ira pueden persistir en el tiempo y pueden ser desencadenadas por situaciones similares".

Sobre el amor y el afecto

"El amor es una respuesta automática de los bebés cuando se les hace cosquillas, se les da una palmadita o se les acaricia suavemente".

"El amor puede condicionarse en los bebés combinando un estímulo neutral con un refuerzo positivo".

"Las respuestas de amor pueden generalizarse a otros estímulos que se asemejan al estímulo condicionado original".

“Las respuestas de amor pueden persistir en el tiempo y no extinguirse fácilmente”.

“El amor es un comportamiento aprendido, no una emoción innata”.

www.ingramcontent.com/pod-product-compliance
Lightning Source LLC
LaVergne TN
LVHW050658051026
849532LV00002B/673
* 9 7 9 8 2 3 3 8 6 5 1 6 9 *